Maurizio Molinari

La nuova guerra contro le democrazie

Così le autocrazie vogliono stravolgere l'ordine internazionale

Cartografia di Laura Canali

Rizzoli

Pubblicato per

Rizzoli

da Mondadori Libri S.p.A.

ISBN 978-88-17-19025-1

Prima edizione: dicembre 2024

Tutte le mappe presenti nel libro sono state elaborate da Laura Canali

Realizzazione editoriale: Netphilo Publishing, Milano

La nuova guerra contro le democrazie

A Giorgio Algranati,
che dedicò la vita
a difendere i diritti
per amore della libertà

INTRODUZIONE

I CINQUE FRONTI

Ciò che accomuna la guerra in Ucraina, il conflitto in Medio Oriente e le fibrillazioni militari lungo gli stretti di Taiwan è il fatto di essere tasselli di un unico mosaico: la grande guerra d'attrito che Russia, Iran e Cina stanno combattendo, in maniera asimmetrica, contro le democrazie, al fine di metterle sulla difensiva, indebolirle e farle implodere per riuscire a ridefinire l'architettura internazionale di sicurezza a loro vantaggio.

Questo libro descrive i fronti di questo nuovo conflitto combattuto con tattiche che vengono dal passato e armi ultramoderne, accompagnando ogni scenario con mappe e dati che consentono di comprendere come l'Europa orientale, l'Europa occidentale, l'Africa, il Medio Oriente e l'Estremo Oriente rappresentano situazioni uniche e al tempo stesso tasselli di un fenomeno globale.

La premessa necessaria per comprendere perché ci troviamo immersi in una stagione di conflitti apparentemente senza possibile conclusione è la volontà da parte delle più importanti e meglio armate autocrazie e dittature di stravolgere l'ordine mondiale uscito dalla Guerra fredda. Se la dissoluzione dell'Urss nel 1991 segnò l'affermazione delle democrazie dell'Occidente, sul piano politico ed economico prima ancora che militare, adesso Mosca, Pechino e Teheran – assieme a un gruppo ristretto ma agguerrito di Paesi e milizie alleate – vogliono rovesciare l'equilibrio di sicurezza globale a loro favore, sulla base dei propri, peculiari, interessi nazionali.

Questo non significa che Vladimir Putin, Xi Jinping e Ali Khamenei sono stretti alleati, né tantomeno portatori di una comune visione del mondo, bensì che hanno la coincidente volontà di porre fine alla prevalenza geopolitica dei Paesi democratici. E poiché non hanno ancora gli strumenti economici per riuscirci, sono impegnati in campagne asimmetriche – condotte con le più diverse armi e tattiche nella realtà fisica come in quella digitale – il cui fine è far implodere l'avversario sotto il peso crescente di aggressioni esterne, fratture interne e conflittualità digitali.

Si tratta della più formidabile sfida che le democrazie si trovano ad affrontare dall'inizio del XXI secolo. E la difficoltà nell'elaborare la risposta viene dal fatto che all'interno dei singoli Paesi, in Nord America come in Europa e in Estremo Oriente, non c'è consenso sulla comprensione della grande guerra d'attrito: a prevalere sono spinte nazionaliste, isolazioniste e populiste che preferiscono ignorare o sminuire le minacce per non dover affrontare le conseguenze che comportano.

Sul teatro europeo la protagonista della guerra d'attrito è la Russia di Vladimir Putin. È Mosca che ha attaccato l'Ucraina oltre due anni fa fallendo il blitz per annetterla e trasformando «l'operazione militare speciale» in un conflitto di logoramento il cui fine è gettare sul fronte una quantità di vite umane e risorse belliche tali da nullificare l'impatto delle forniture occidentali a Kiev, per riuscire a prevalere nel lungo termine. È una tipologia di aggressione che Mosca accompagna con «infiltrazioni maligne» – come le definisce la Nato – in Europa e Stati Uniti al fine di moltiplicare tensioni sociali e conflitti di ogni genere, facendo leva in particolare sulle forze politiche antisistema – populiste e sovraniste – per indebolire, in ogni possibile modo, i governi alleati. Quella russa è dunque una guerra asimmetrica perché se sul fronte ucraino ricorre alle armi convenzionali e minaccia l'uso del nucleare, contro i Paesi Nato ricorre in maniera massiccia a infiltrazioni cyber, campagne di disinformazione, sabotaggi e diffusione di fake news. È un attacco su due fronti, costante, nel quale Putin arruola i partner più fidati – Bielorussia, Nord Corea e Iran – per avere armamenti, violare le sanzioni a cui è sottoposto e creare ulteriori aree di conflitto così da obbligare l'Occidente a distogliere energie dal sostegno all'Ucraina.

Per il Cremlino l'Africa è un fronte complementare all'Europa perché la presenza di proprie basi militari e mercenari in Libia, Mali, Burkina Faso, Niger, Repubblica Centrafricana, Sudan e altrove gli consente di avere in mano le chiavi del Sahel, la regione strategica da cui si originano le due minacce che più inquietano il Vecchio continente: i flussi di migranti e le cellule jihadiste.

In Medio Oriente a guidare la guerra d'attrito contro le democrazie è l'Iran. Se in Europa il fronte caldo russo è contro l'Ucraina, qui è contro Israele. Il colpo d'inizio è stato il 7 ottobre 2023 con l'attacco di Hamas contro lo Stato ebraico – che Teheran ha lodato in ogni maniera pur senza mai ammettere di esserne stata al corrente – ma ciò che più conta è che dall'8 ottobre Hezbollah ha iniziato a lanciare migliaia di razzi sulla Galilea, e dalla settimana seguente gli Houthi yemeniti hanno incominciato a utilizzare droni e missili da crociera contro Eilat e le navi in transito nel Mar Rosso. Seguiti da Kata'ib Hezbollah, le milizie sciite in Iraq.

Ciò che accomuna Hamas, Hezbollah, Houthi e Kata'ib Hezbollah – come anche la Jihad islamica presente a Gaza e nella

Cisgiordania – è essere stati creati, addestrati e finanziati dalla Forza al-Quds delle Guardie della rivoluzione iraniana, che rispondono direttamente ad Ali Khamenei, leader supremo di Teheran. In questo caso la guerra d'attrito ha una dimensione militare immediata contro Israele – attaccando su ogni fronte, come non era mai avvenuto dal 1948 – al fine non solo di imporre l'egemonia di Teheran sul Medio Oriente ma di obbligare gli Stati Uniti a impegnare ingenti risorse, militari ed economiche, per proteggere l'alleato di Gerusalemme, distogliendole di conseguenza dal conflitto ucraino. Questa dimensione globale del teatro mediorientale è diventata evidente nella notte fra il 13 e 14 aprile 2024 quando Teheran e le sue milizie alleate hanno lanciato contro Israele oltre 330 droni, missili a corto, medio e lungo raggio che si sono infranti contro uno scudo aereo e antimissile. Israele ha ricevuto l'aiuto di Stati Uniti, Gran Bretagna, Francia e almeno due Paesi arabi sunniti – Giordania e Arabia Saudita – dando vita al più grande scontro missilistico avvenuto fino a quel momento, specchio di un duello Usa-Russia che si proietta ora verso nuovi scenari militari e digitali. Un attacco seguito, il 1° ottobre 2024, da un lancio di missili ancora più potenti: 181 vettori balistici che puntavano al cuore di Tel Aviv e avrebbero potuto – se non fossero stati in gran parte abbattuti – causare pesanti danni umani e materiali. L'eliminazione da parte di Israele del leader di Hezbollah Hassan Nasrallah a Beirut, e dei leader di Hamas Ismail Haniyeh a Teheran e Yahya Sinwar a Gaza, costituisce un indebolimento del «circolo di fuoco» che i pasdaran della Forza al-Quds hanno creato attorno ai confini dello Stato ebraico. L'Iran diventa dunque esposto frontalmente nella guerra che finora ha condotto per procura.

La visita di Putin a Pyongyang con il conseguente patto di mutua difesa Russia-Nord Corea fa supporre che Mosca abbia in animo di ripetere in Estremo Oriente quanto gli sta riuscendo assai bene in Medio Oriente: usare un proprio alleato per aprire un nuovo fronte di attrito contro le democrazie. D'altra parte, il 38° parallelo è la guerra d'attrito per eccellenza: dal 1953 separa le due Coree, tenendole in conflitto permanente senza un accordo di pace, con Seul sotto la costante minaccia delle artiglierie di Pyongyang. Lo scenario del Pacifico fa leva sul pericoloso arsenale di Kim Jong-un, che dispone di missili intercontinentali e armi nucleari capaci di porre minacce dirette non solo a Giappone, Sud Corea, Australia e Nuova Zelanda – tutti Paesi partner della Nato – ma anche al territorio degli Stati Uniti, dalle Hawaii alla Costa del Pacifico. Il fatto che la Nord Corea abbia contribuito al programma nucleare iraniano e abbia aiutato Hezbollah a costruire formidabili tunnel lanciamissili nelle viscere del Libano del Sud fa comprendere come la tecnica del logoramento militare veda partecipi tutti i più stretti partner di Mosca. Inclusa la Bielorussia, che dal febbraio 2022 ospita sul territorio truppe e armi russe, oltre a usare le proprie forze armate, per aumentare la pressione strategica su Kiev. Arrivando a tal fine a ospitare anche manovre congiunte con le truppe speciali cinesi a Brest, città a ridosso dei confini con Ucraina e Polonia, per far capire alla Nato che Pechino è parte della sfida.

Xi Jinping è il terzo, e forse più strategico, protagonista della grande guerra d'attrito perché la Cina – a differenza di Russia e Iran – agisce su uno scenario più ambizioso: spingere l'America a perdere il primato della ricchezza planetaria e al tempo stesso allontanarla dall'Estremo Oriente. Per questo Pechino affianca gli investimenti sulla Nuova via della seta alle miniere in Africa e agli accordi economici con le isole del Pacifico – da Kiribati alle Salomone – al fine di allontanare quanto più gli Stati Uniti da queste regioni. Con una determinazione che raggiunge anche l'Europa, dove la scommessa è di riuscire a trasformare Ungheria e Serbia in piattaforme di influenza continentale, dentro e fuori l'Ue. Ma non è tutto, perché c'è anche qui una dimensione militare in quanto Pechino assedia Taiwan – dalle basi aeree alle provocazioni nei cieli e nei mari – con la dichiarata ambizione di riuscire, prima o poi, ad annettersi la Repubblica di Cina indipendente dal 1949. Xi vuole Taiwan e per farla cadere nelle sue braccia aumenta la pressione strategica, accresce la presenza nel Pacifico e incalza gli Usa ovunque possibile. Arrivando a creare a Gibuti la sua più grande base militare all'estero, capace di ospitare diecimila uomini nei bunker sotterranei, appollaiata sullo Stretto di Bab el-Mandeb attraverso il quale transita almeno il 12 per cento del commercio marittimo globale e il 30 per cento delle rotte dei portacontainer.

Con il ritorno di Trump alla Casa Bianca l'America ha l'opportunità di ridefinire la risposta alla sfida globale delle autocrazie. Se nel 2013 fu la scelta di Obama di non intervenire in Siria a innescare la decisione di Putin di mandare le truppe in Medio Oriente e nel 2021 fu la ritirata di Biden dall'Afghanistan a convincere Mosca di poter attaccare Kiev, ora gli Stati Uniti possono ripristinare la loro capacità di deterrenza contro gli avversari strategici: Russia e Cina, ma anche, a livello regionale, Iran e Nord Corea. La ricetta di Trump e JD Vance è «ottenere la pace attraverso la forza» per «porre termine ai conflitti» ovvero trasformare la superpotenza economica e militare Usa in uno strumento di pressione tale da obbligare le autocrazie a fermare le aggressioni e scendere a patti. Ed è un approccio che ruota attorno alla capacità personale di Trump di essere credibile con i più aggressivi avversari. Saranno i prossimi mesi a dire se e quanto tale ricetta potrà funzionare, ma possono esserci pochi dubbi sul fatto che la proiezione dell'America nel mondo è destinata a mutare.

QUADRILATERO DI AUTOCRAZIE

«Non c'è un'alleanza formale fra Russia, Cina, Iran e Nord Corea ma è un dato di fatto che questi quattro Paesi agiscono in maniera convergente, su più fronti, per aggredire e indebolire le democrazie»: sono le parole di Lindsey Graham, senatore repubblicano della South Carolina e veterano della politica estera bipartisan al Congresso di Washington, a descrivere il collegamento fra i diversi attori della grande guerra ibrida. L'aspetto più evidente della convergenza fra le autocrazie è sul fronte militare perché la Russia per condurre la guerra contro l'Ucraina impiega missili nordcoreani, droni iraniani e anche missili a corto raggio ricevuti da Teheran.[1] Il presidente ucraino Zelensky ne parla pubblicamente, spiegando che i missili nordcoreani sono frutto degli accordi bilaterali Putin-Kim Jong-un; così come nel caso dei droni iraniani: Mosca ha creato degli impianti per produrli anche sul proprio territorio e «ne usa migliaia», in particolare della tipologia Shahed, impiegati come kamikaze per colpire ovunque l'avversario.[2] Tale cooperazione militare fra Mosca, Pyongyang e Teheran è talmente stretta da far temere a Washington che i russi possano aiutare i nordcoreani a migliorare i missili intercontinentali di cui già dispongono – capaci di trasportare testate nucleari – per metterli in condizione di minacciare direttamente il territorio degli Stati Uniti. Il capo dell'Mi6 britannico Richard Moore, durante un evento pubblico con il capo della Cia Bill Burns, aggiunge sulla collaborazione fra autocrazie: «La si può vedere, sul campo di battaglia in Ucraina, si può vedere la Nord Corea e gli armamenti

1. Norman, Laurence – Gordon, Michael R. – Ward, Alexander, *Us tells allies Iran has sent ballistic missiles to Russia*, «The Wall Street Journal», 6 settembre 2024.

2. Intervista a Volodymyr Zelensky al Tg1 Rai, in occasione del Forum Ambrosetti di Cernobbio, 7 settembre 2024.

nordcoreani. Si possono vedere i droni iraniani. Si può vedere il tipo di aiuto che i cinesi hanno fornito attraverso una sorta di materiale a doppio uso. Tutto questo si sta verificando nel nostro mondo».[3] Anche il fronte del Medio Oriente evidenzia tale cooperazione militare perché le due milizie jihadiste protagoniste dei maggiori attacchi contro Israele – Hamas a Gaza, Hezbollah in Libano – sono sostenute e armate dall'Iran, hanno costruito reti di tunnel sotterranei molto estese grazie anche alla collaborazione nordcoreana e godono di un sostegno politico-diplomatico che accomuna Mosca e Pechino.

Ma non ci sono solo gli aspetti militari. A ben vedere la convergenza di fatto fra le autocrazie è assai diversificata. Include ad esempio il fronte del commercio marittimo perché come le navi militari di Pechino operano nel Mar Cinese Meridionale violando le acque territoriali di più Paesi – a cominciare dalle Filippine –, così le milizie yemenite Houthi, armate e sostenute dall'Iran, colpiscono le navi commerciali nel Mar Rosso. In due regioni così strategiche per la libertà di navigazione, le mosse di Pechino e Teheran pongono ostacoli crescenti. Ancor più evidente la convergenza negli attacchi cyber: tanto la Nato che l'Ue identificano in attori russi, cinesi, nordcoreani e iraniani le fonti di molteplici azioni aggressive tese a sabotare, rubare informazioni, spiare, creare danni alle infrastrutture e diffondere fake news, provocare scompiglio di ogni genere nei Paesi democratici. E ancora: dalle frontiere della Bielorussia alle sabbie del Sahel la Russia opera per far leva sui flussi dei migranti illegali per mettere sotto pressione l'Europa, con una tattica ibrida che negli ultimi anni ha visto i trafficanti di uomini aprire anche una nuova rotta per far volare i migranti con aerei commerciali dall'Africa occidentale

3. Paton Walsh, Nick – Tanno, Sophie – Gigova, Radina, *Cia and Mi6 heads discuss Gaza ceasefire efforts, Russian threat in unprecedented joint public appearance in London*, Cnn, 8 settembre 2024.

all'America centrale – soprattutto il Nicaragua – per poi spingerli a dirigersi via terra verso le frontiere meridionali degli Stati Uniti. Come spiega Mike Johnson, speaker della Camera dei rappresentanti Usa, «ci troviamo di fronte a una molteplicità di azioni da parte delle autocrazie per aggredirci, dunque l'errore più grande che possiamo compiere è dividerci nella risposta».[4] Nulla da sorprendersi dunque se quando Putin incontra in Turkmenistan il nuovo presidente iraniano Masoud Pezeshkian – che ha sostituito Raisi, morto in un incidente aereo il 19 maggio 2024 – parla di una «convergenza fra noi sul nuovo ordine internazionale» riferendosi all'intesa Mosca-Teheran in un quadro assai più ampio che coinvolge il Commonwealth degli Stati Indipendenti, l'Unione economica dell'Eurasia, l'Organizzazione per la cooperazione di Shanghai e i Brics al fine di isolare gli Usa e l'Occidente.[5] È uno scenario di medio termine, molto ambizioso, che ha la Russia nel ruolo di regista e protagonista. Anche perché il Cremlino è impegnato, ogni giorno che passa, a mettere assieme più tasselli di questo mosaico. Come dimostra l'arrivo dei soldati nordcoreani nelle caserme russe per raggiungere le trincee in Ucraina.[6]

IL DECENNIO PIÙ PERICOLOSO

Per far prevalere le autocrazie sulle democrazie, Putin e i suoi alleati avanzano su più fronti, determinati a riscrivere le regole uno scontro alla volta. Con ogni attacco, ogni atto di disinformazione e ogni

4. Mike Johnson, intervento al Forum Ambrosetti di Cernobbio, 7 settembre 2024.

5. *Russia's Putin cements ties with iranian president in central Asia meeting*, Reuters, 12 ottobre 2024.

6. Sauer, Pjotr, *North Korean troops have arrived in Russia to fight Ukraine, says Seoul*, «The Guardian», 18 ottobre 2024.

nuovo sabotaggio, procedono a ritmi sostenuti e dunque la stabilità è diventata sempre più un bene raro e prezioso. Siamo nel bel mezzo del «decennio più pericoloso», come lo ha definito il capo del Cremlino, che si sta rivelando un teatro di conflitti e alleanze con cui Putin e le autocrazie puntano a ridefinire gli equilibri globali.

«Ci sono cambiamenti come non se ne vedevano da 100 anni» ha detto Xi Jinping a Putin durante un incontro a Mosca nel 2023, aggiungendo: «Siamo noi a guidare questi cambiamenti insieme». Per Putin, l'ordine internazionale frutto della Seconda guerra mondiale e della Guerra fredda va stracciato e riscritto, con ogni mezzo, se necessario anche con la forza. «Ci aspetta probabilmente il decennio più pericoloso, imprevedibile e allo stesso tempo più importante dalla fine della Seconda guerra mondiale» ha affermato nel 2022, richiamandosi a una definizione di Lenin: «Questa è una situazione rivoluzionaria».[7]

Per lo storico Sergey Radchenko, si tratta tuttavia di una Russia che ricorda in realtà più il nichilismo della Cina maoista durante la Rivoluzione culturale che la prudenza pragmatica dell'Urss durante la Guerra fredda. «Dieci anni fa, il Cremlino collaborava con l'America e l'Europa per contrastare il programma nucleare di Iran e Corea del Nord, una simile cooperazione oggi è impensabile» afferma. Il Cremlino sembra non avere in effetti più interesse a preservare l'ordine internazionale. Ogni occasione è buona per stravolgerlo. E ciò che Radchenko considera «veramente nuovo» è la centralità delle «operazioni speciali» nella politica estera russa. La lista delle vittime dei servizi segreti russi è lunga, da Trotsky a Litvinenko. «Le truppe sovietiche combattevano nello Yemen, travestite da egiziani, già all'inizio degli anni Sessanta» precisa Radchenko. Non sono

7. Fulconbridge, Guy, *Putin blasts West, says world faces most dangerous decade since wwii*, Reuters, 27 ottobre 2022.

nuove nemmeno le guerre per procura e gli assassinii. Radchenko ricorda episodi che risalgono agli anni Venti del Novecento, come il falso memorandum Tanaka usato per screditare il Giappone. La disinformazione è una strategia russa ben rodata.[8] Sono dunque le operazioni di ingerenza a costituire il vero salto in avanti, perché consentono di penetrare il nemico – le democrazie –, trasformando la libertà d'opinione in un velenoso cavallo di Troia grazie al quale sconvolgerle, farle implodere.

Non a caso le agenzie di intelligence americane hanno documentato tentativi russi di influenzare specifici gruppi demografici, promuovendo narrazioni divisive e attaccando determinate figure politiche. «Mosca vede queste operazioni di ingerenza come un mezzo per distruggere gli Stati Uniti quale avversario principale, consentendo alla Russia di imporsi come grande potenza» spiega Avril Haines, direttrice della National Intelligence americana. L'interesse di Mosca non è dunque solo influenzare la politica americana sull'Ucraina ma indebolire Washington in maniera decisiva, strutturale, dall'interno. Gli Stati Uniti sono per Putin un obiettivo primario.[9] Il Cremlino vuole colpire ovunque, puntando a destabilizzare l'Occidente su più fronti contemporaneamente. A condividere questa prospettiva storica e strategica è Fiona Hill, ex analista del Consiglio di sicurezza nazionale degli Stati Uniti, secondo cui la Russia sta adottando una strategia assai simile a quella del popolare film di Hollywood *Everything Everywhere All at Once* (Tutto dappertutto e in una volta sola).[10]

8. *Vladimir Putin's spies are plotting global chaos*, «The Economist», 13 ottobre 2024.

9. Garamone, Jim, *U.S. intel officials detail threats from China, Russia*, Dod News, 8 marzo 2022.

10. Havertz, Rieke – Klingst, Martin, *«The world is feeding Russia's imperial delusions»*, Zeit Online, 12 maggio 2023.

«I servizi segreti russi sono diventati un po' selvaggi» riassume Richard Moore, alla guida dell'Mi6 britannico. «Il livello di rischio è cambiato» aggiunge Nils-Andreas Stensønes, viceammiraglio e capo dei servizi segreti norvegesi. La guerra della Russia in Ucraina alimenta un crescendo di aggressioni, sovversioni e ingerenze su più fronti, in più Paesi e con le metodologie più disparate. Ken McCallum, capo del Mi5, adopera toni preoccupati: «Il Gru, in particolare, è impegnato in una missione continua per creare scompiglio nelle strade britanniche ed europee».[11] Il riferimento è alla minaccia persistente rappresentata dall'Agenzia di spionaggio militare russa: «Abbiamo assistito a incendi dolosi, sabotaggi e altro ancora, azioni pericolose condotte con crescente incoscienza». Sono queste parole a descrivere il segnale d'allarme per l'intero spazio Nato, Europa inclusa.

PIATTAFORMA VENEZUELANA

Per le autocrazie che conducono la guerra ibrida d'attrito contro le democrazie il Venezuela di Nicolás Maduro offre l'opportunità di avere una piattaforma in America Latina, ovvero nel cortile di Washington. A dispetto dei contestati risultati nelle ultime due elezioni presidenziali, Maduro – erede di Hugo Chávez – resta alla guida del governo di Caracas, forte di un sostegno in crescita da parte di Russia, Cina e Iran a cui si aggiunge anche Cuba. Questi attori non sembrano agire a Caracas in maniera coordinata ma hanno un obiettivo comune: rafforzare il potere di Maduro per impedirgli di essere rovesciato dall'opposizione e trasformare così il Venezuela

11. *Vladimir Putin's spies are plotting global chaos*, cit.

in una base geopolitica da dove sfidare gli interessi di Washington nell'emisfero occidentale.

Il momento più difficile di Maduro risale a quando, alle presidenziali del 2019, i brogli furono di estensione tale da minacciarne la caduta portando l'amministrazione Trump a definirlo un «usurpatore» e a riconoscere il capo dell'opposizione Juan Guaidó come il «vero leader». È in quel momento che il Cremlino fa atterrare a Caracas aerei militari con oltre cento «tecnici» e relativo equipaggiamento, facendo comprendere a Washington che il sostegno a Maduro passa da politico a strategico. E in coincidenza con le ultime presidenziali, a fine luglio 2024, Mosca ripete la mossa, inviando per almeno due volte proprie navi da guerra nelle acque del Venezuela, facendole anche attraccare in porto. Non solo: come nel 2019 centinaia di mercenari della Brigata Wagner arrivarono per rafforzare la sicurezza di Maduro, nel 2024 personale russo è stato usato in maniera visibile, perfino per difendere dai manifestanti l'ultima statua di Hugo Chávez ancora esistente. Se Maduro sopravvive grazie al sostegno di Putin è perché il Cremlino non esclude la possibilità di posizionare in Venezuela armi tattiche in grado di minacciare il territorio Usa, così da bilanciare il sostegno della Nato all'Ucraina di Zelensky. A consolidare il ruolo di Mosca c'è la presenza di militari cubani, che risale all'origine del potere di Chávez nel 1999, quando l'Avana – prima con Fidel e poi con Raúl Castro – lo considerò da subito un alleato importante nella sfida regionale agli Stati Uniti, in nome del comune richiamo al «socialismo». Da qui la significativa presenza cubana nella sicurezza personale di Maduro, come anche le affermazioni pubbliche della Casa Bianca che nel 2019 parlò di «oltre ventimila agenti cubani» operativi in Venezuela. Anche la Cina considera Maduro un partner privilegiato, soprattutto sul fronte economico, e a testimoniarlo vi sono i circa 60 miliardi di dollari elargiti a

Caracas – la cifra maggiore in tutta l'America Latina – che consentono a Maduro di sostenere l'impatto delle sanzioni economiche Usa. Anche qui Pechino agisce per creare con Caracas un legame privilegiato capace di bilanciare quello che lega Washington e Taipei.

Ultimo, ma non per importanza, l'Iran che, da Chávez a Maduro, ha creato in Venezuela basi e strutture che consentono a Hezbollah e altre milizie di operare per raccogliere fondi e acquistare armi. In particolare, Hezbollah è presente nel business delle miniere e addestra le forze di Maduro all'uso dei droni. Ma l'arresto nel novembre 2023 in Brasile di una cellula impegnata a pianificare un attacco contro la comunità ebraica di San Paolo sottolinea il rischio anche di evoluzioni terroristiche.[12]

Le dichiarazioni di sostegno e solidarietà per Maduro che si ripetono da parte di Mosca, Pechino, Teheran e l'Avana – ma anche di Nord Corea, Siria e Nicaragua – spiegano perché Ulf Thoene, politologo della Universidad de La Sabana in Colombia, arrivi alla conclusione che «quanto sta avvenendo in Venezuela è lo scontro fra un leader sostenuto da Russia, Cina e Iran e un'opposizione sostenuta da Usa e Ue», ovvero una sintesi del match ibrido in corso che ha in palio i nuovi equilibri globali.[13]

GUERRE SPAZIALI

Stati Uniti, Russia e Cina sono protagonisti di una sfida strategica non solo sui cinque fronti terrestri ma anche nel cosmo. È uno

12. Sánchez-Azuara, Raúl, *Hezbollah, entrenched in Latin America*, «Diálogo Américas», 15 marzo 2024.

13. McCoy, Terrence, *Left and right have denounced Venezuela's Maduro. Not the authoritarians*, «The Washington Post», 3 agosto 2024.

scenario che disegna nuovi pericoli per la sicurezza collettiva evidenziando la debolezza dei trattati internazionali esistenti nel prevenire l'avvento di una nuova corsa alle armi spaziali. Le rivelazioni americane sullo sviluppo da parte della Russia di un'arma nucleare capace di distruggere, partendo dallo spazio, satelliti commerciali e militari avversari ha alzato il velo su una tipologia di «guerre spaziali» assai diverse dalla Strategic Defense Initiative (Sdi) che l'amministrazione Reagan progettò all'inizio degli anni Ottanta per dimostrare la superiorità tecnologica sull'Urss. L'intento della Sdi era infatti la creazione di uno scudo spaziale capace di intercettare e distruggere qualsiasi missile nucleare lanciato da terra, mentre adesso si profila il posizionamento nel cosmo di armamenti capaci di sferrare attacchi contro satelliti avversari. La Russia ha sperimentato con successo il veicolo segreto Cosmos 2570, la Cina il Dragone Divino e gli Stati Uniti hanno più volte fatto volare il superclassificato X-37B: si tratta di navicelle in grado di stazionare nello spazio diventando possibili piattaforme da cui lanciare attacchi o far partire satelliti-killer. Come John Shawn, ex vicecapo dello Space Command del Pentagono, ha spiegato all'«Economist» questo significa entrare nella «terza era spaziale» perché nella prima era, durante la Guerra fredda, i satelliti servivano per operazioni di comunicazione e intelligence, e nella seconda, dopo il 1991, sono stati utilizzati anche per guidare missili su obiettivi specifici in Afghanistan e Iraq, mentre adesso ci stiamo avvicinando a grandi passi alla possibilità che a essere posizionate nello spazio siano armi capaci di colpire e distruggere satelliti altrui.[14]

La direzione nazionale dell'intelligence americana, in documenti pubblici, afferma che Russia e Cina sono già in grado di condurre, teoricamente, queste tipologie di attacchi grazie ai successi acquisiti

14. *War in space is no longer science fiction*, «The Economist», 31 luglio 2024.

nello sviluppo di laser ad alta energia basati a terra, missili antisatelliti posizionati nello spazio e veri e propri «satelliti da attacco». Senza contare il fatto che la Cina ha testato già nel 2007 un missile lanciato da terra capace di colpire un satellite, così come sono in grado di fare oggi anche Stati Uniti, Russia e India. A conferma che si tratta di un orizzonte di ricerca militare in pieno sviluppo c'è un ruolo per la Francia che lavora alla realizzazione per il 2030 di un satellite dotato di laser in grado di colpire possibili obiettivi da abbattere. Mosca smentisce di sviluppare missili nucleari da posizionare nello spazio ma per spiegare quanto sta avvenendo bisogna ascoltare le parole di Chance Saltzman, attuale comandante della Space Force americana creata nel 2019, quando riferendosi alla sfida in corso afferma: «Non disporre di tali potenzialità significa perdere». La preoccupazione di Washington si concentra soprattutto su Pechino perché, come spiega il segretario dell'Us Air Force Frank Kendall al «New York Times», «la Cina già dispiega alcune capacità spaziali destinate a colpire le nostre forze e senza poterle sconfiggere non saremo più in grado di operare liberamente nel Pacifico occidentale».

Se dunque già ora le aree dei conflitti in corso, dall'Ucraina al Medio Oriente fino alla Nord Corea fanno registrare ogni giorno il lancio di circa trenta missili, il pericolo maggiore viene dalla sfida sulle armi spaziali di nuova generazione che vede protagonisti Stati Uniti, Russia e Cina, creando le premesse per un trasferimento fuori dall'atmosfera delle crescenti tensioni strategiche esistenti sulla Terra fra le maggiori potenze militari del momento.

Se tale pericolo esiste è anche per l'assenza di accordi internazionali capaci di prevenirlo o impedirlo. In particolare, il Trattato sullo spazio esterno, risalente al 1967, impedisce il posizionamento di armi nucleari nel cosmo ma non fa riferimento ad armamenti differenti, a cominciare da quelli convenzionali, creando così un'area legalmente grigia che consente ampi spazi di manovra. Per avere un'idea dei rischi di escalation che corriamo basta ricordare quanto avvenne all'inizio del 2022, poco prima dell'aggressione russa all'Ucraina, quando un virus hi-tech aggredì il network di satelliti Viasat – una società americana – riuscendo a oscurare completamente circa cinquantamila utenti in Europa, incluse molte unità militari di Kiev. Quando l'Ucraina riuscì a riprendersi dal colpo sofferto, si affidò al sistema Starlink, basato sui satelliti posseduti dalla società SpaceX di Elon Musk, e da quel momento Mosca ha più volte tentato di sabotarlo affermando che le comunicazioni satellitari commerciali sono oramai divenute un «legittimo obiettivo di ritorsione». Quasi un anticipo dei rischi, assai maggiori, che le armi spaziali di ultima generazione pongono alla sicurezza internazionale.

Questo libro è il frutto di notizie e retroscena che mi sono trovato ad affrontare nel corso di un anno disseminato di conflitti che hanno messo a dura prova la nostra capacità di comprendere. La chiave di lettura della guerra d'attrito viene dall'analisi combinata dei comportamenti degli attori principali di una crisi globale dalle conseguenze difficili da prevedere, che investono la vita di tutti noi. Tantopiù imprevedibile diventa la quotidianità tantopiù è necessario soffermarsi a studiare per comprendere ciò che sfida la nostra conoscenza. È il fattore tempo l'elemento più cruciale che può fare la differenza: riconoscerne l'importanza e usarlo con cura serve a investire sul sapere, perché ogni nuovo conflitto è diverso da quelli che abbiamo conosciuto. Da qui l'importanza del costante sostegno di mia moglie Micol, a cui mi legano i valori più profondi e la passione per i viaggi e i libri come fonte inesauribile di esperienze e sapere. Per tentare sempre di guardare, arrivare alla luce che c'è dietro la collina.

Roma, 6 novembre 2024

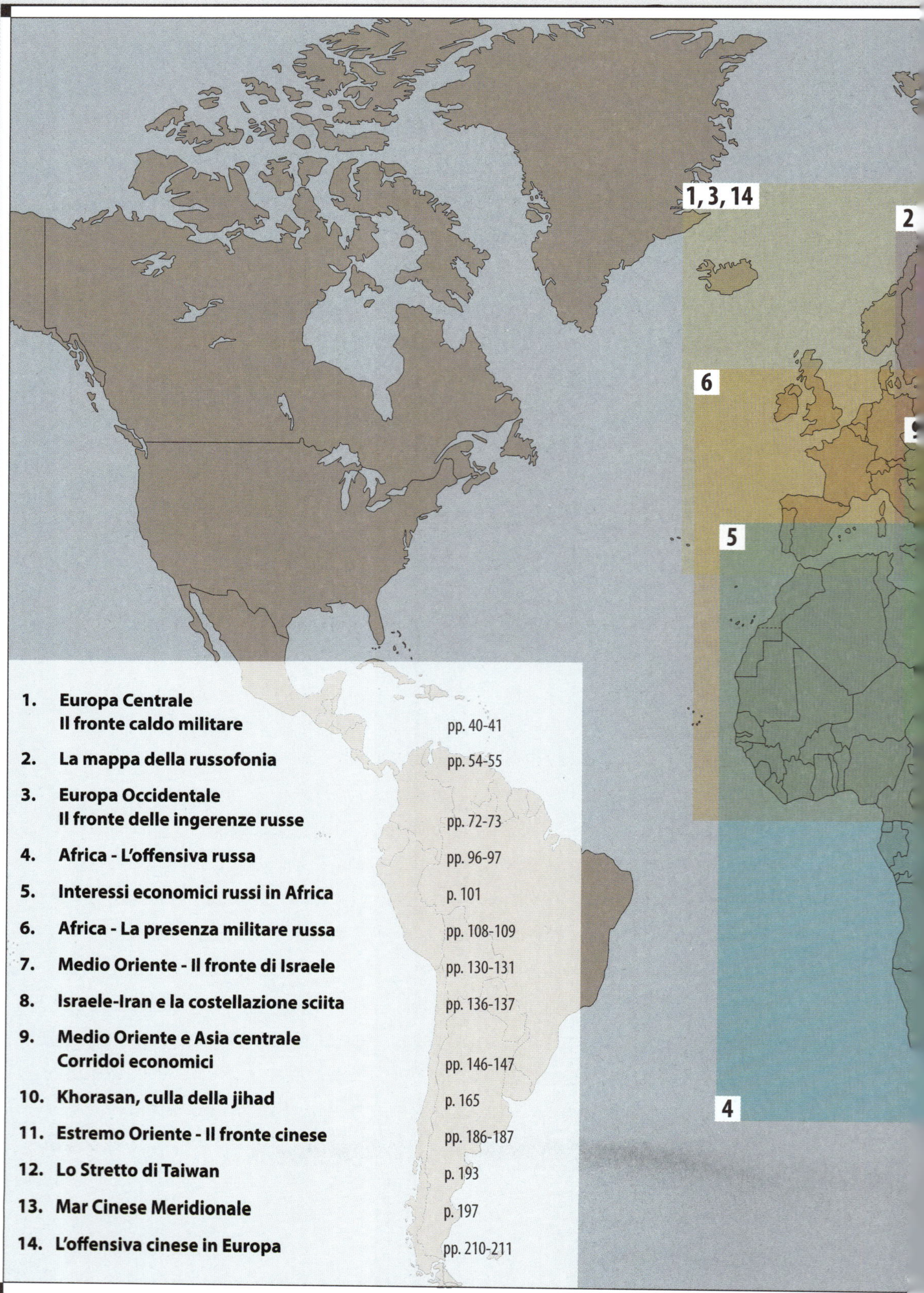
1, 3, 14
2
6
5
4

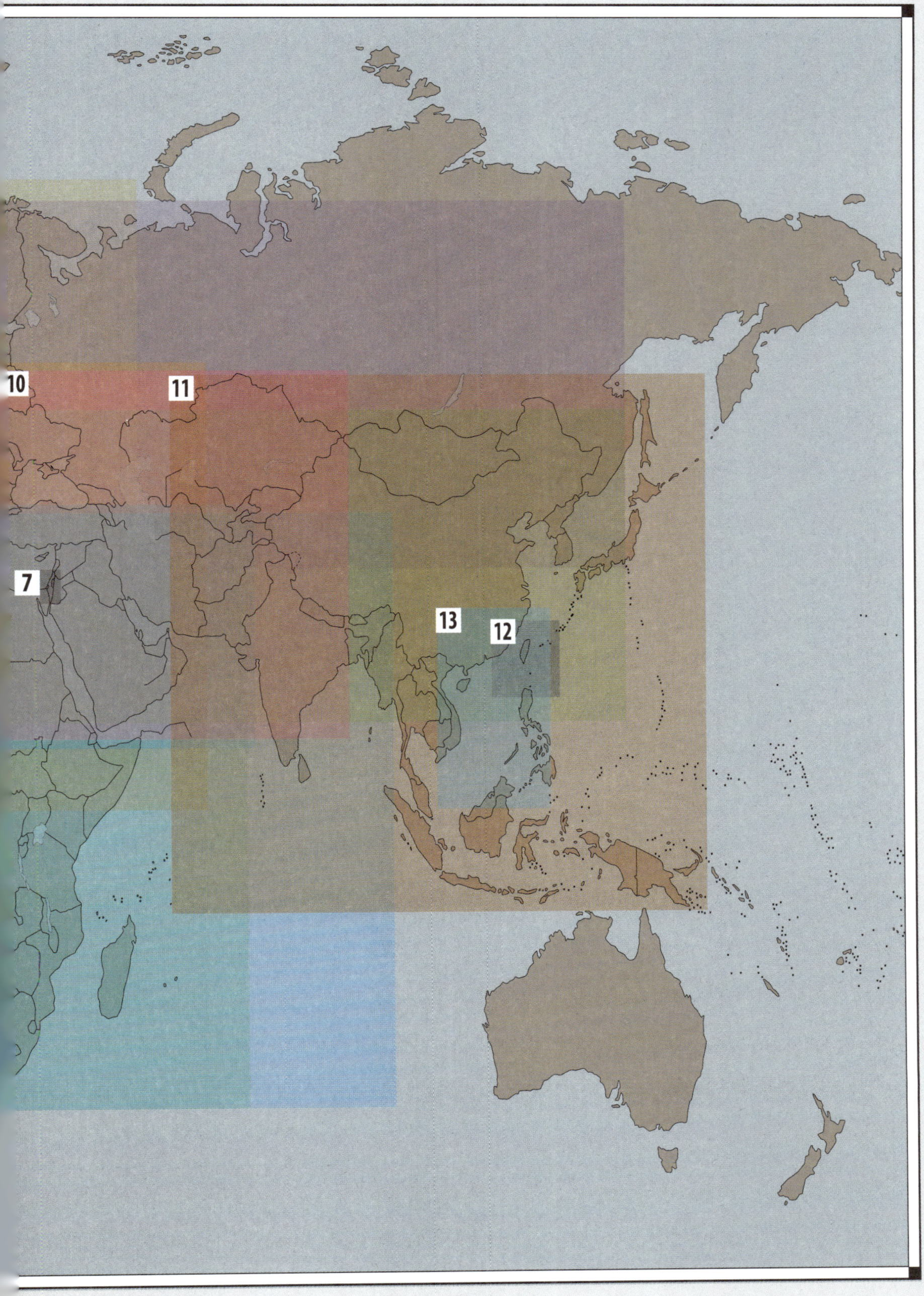
10
11
7
13
12

I.

EUROPA ORIENTALE

LOGORAMENTO IN UCRAINA

La guerra d'attrito condotta dalla Russia contro l'Ucraina, iniziata con l'invasione russa del 24 febbraio 2022, è un conflitto caratterizzato da un uso intensivo e prolungato delle risorse militari e umane, con l'obiettivo di logorare il nemico e ottenere vantaggi strategici attraverso l'erosione delle capacità di resistenza dell'avversario.

All'inizio la Russia ha tentato una rapida avanzata verso Kiev, cercando di ottenere un cambio di regime veloce. Fallita questa operazione, la strategia è virata verso un conflitto d'attrito, facendo ricorso a tattiche convergenti. Da un lato un ampio uso di bombardamenti e artiglieria pesante per distruggere infrastrutture civili e militari, colpire linee di rifornimento e demoralizzare la popolazione ucraina. E dall'altro la stabilizzazione di linee difensive nei territori occupati con l'uso di forze paramilitari per mantenerne il controllo, concentrandosi particolarmente nel Donbass e nelle regioni meridionali. La resistenza ucraina è l'altra protagonista di questa guerra perché ostinata, con difese in profondità e il ricorso alla guerriglia urbana. Per questo Kiev ha effettuato contrattacchi mirati per riconquistare territorio e infliggere perdite ingenti all'avversario, come avvenuto ad esempio a metà agosto 2024 con l'incursione nella regione russa di Kursk, riuscendo a occupare fino a mille chilometri quadrati di territorio nel tentativo di obbligare il Cremlino a distogliere forze dal Donbass e, al tempo stesso, di creare le premesse per un negoziato basato sullo scambio di territori occupati. Questo significa che, su entrambi i fronti, diventano cruciali le mobilitazioni di risorse umane e materiali, con addestramento intensivo e modernizzazione delle forze armate grazie all'assistenza internazionale. In una guerra d'attrito, infatti, la vittoria si raggiunge grazie a una miscela fra pianificazione accurata, sviluppo industriale e gestione delle risorse durante il conflitto.[1]

Così come è cruciale l'impiego di tecnologie avanzate, inclusi droni e sistemi di comunicazione sofisticati, forniti all'Ucraina dagli alleati occidentali e alla Russia dall'Iran. La conseguenza della guerra d'attrito è nel logoramento reciproco con perdite umane e materiali su entrambi i fronti. La Russia ha perso molte unità con equipaggiamento pesante, mentre l'Ucraina ha subito devastazioni significative nelle aree urbane. In tale cornice la capacità di mantenere le operazioni diventa un fattore critico. Entrambi i contendenti hanno debolezze serie. La Russia, pur avendo maggiori risorse iniziali, affronta problemi di logistica e morale, mentre l'Ucraina dipende in maniera decisiva dal flusso di aiuti esterni.

Dopo oltre due anni di combattimenti si può affermare che la guerra tra Russia e Ucraina è un conflitto che vede un'evoluzione tattica e strategica significativa, con entrambe che cercano di logorare l'altra attraverso un impiego intenso di risorse. Mentre la

1. Vershinin, Alex, *The attritional art of war: lessons from the russian war on Ukraine*, Rusi - Royal United Services Institute, 18 marzo 2024.

Russia punta a sfruttare la sua superiorità numerica e materiale, l'Ucraina fa leva su una difesa mobile, l'innovazione tecnologica e il sostegno internazionale. L'esito di questo conflitto dipende dunque in gran parte dalla capacità dei contendenti di avere molte risorse disponibili: per Mosca la maggiore vulnerabilità è l'impegno prolungato, a causa delle sanzioni economiche internazionali, mentre per Kiev è la dinamica del sostegno esterno, a causa della evidente dipendenza dalle forniture di armi dai Paesi della Nato.

Tutto ciò nasce dal fatto che la cultura militare russa è radicata in una serie di concetti e pratiche che riflettono un approccio alla guerra caratterizzato dalla resistenza, dalla profondità strategica e dalla capacità di sopportare enormi sacrifici. La guerra d'attrito è una componente fondamentale di questa cultura, derivata da secoli di conflitti che hanno plasmato la mentalità militare russa. La strategia della guerra di resistenza risale a tempi antichi, con l'esempio più noto della ritirata russa e la successiva controffensiva contro Napoleone nel 1812. I russi si ritirarono in profondità, bruciando campi e villaggi, esaurendo le risorse del nemico. Durante la Seconda guerra mondiale, la stessa strategia fu applicata contro le forze tedesche. La tattica della «terra bruciata» e l'enorme sacrificio umano e materiale permisero all'Unione Sovietica di logorare la macchina da guerra nazista fino alla vittoria. È la vasta geografia della Federazione a offrire una profondità strategica unica. È un vantaggio che permette alle forze russe di ritirarsi e riorganizzarsi in territori più interni, costringendo gli invasori a estendere eccessivamente le loro linee di rifornimento. La profondità strategica non è solo geografica, ma anche psicologica e culturale perché la popolazione è abituata a sacrifici enormi e dotata di una resilienza nazionale di lunga data.

Fra gli elementi cruciali della guerra d'attrito nella dottrina militare russa c'è l'uso massiccio dell'artiglieria, considerata la «regina del campo di battaglia». Il suo impiego per distruggere le posizioni nemiche, ridurre la loro capacità combattiva e demoralizzare le truppe avversarie è una pratica standard. L'enfasi sull'artiglieria è visibile in molte operazioni in Ucraina, dove i bombardamenti più intensi hanno avuto lo scopo di logorare le forze ucraine e devastare le infrastrutture. Tutto ciò nasce dalla cultura russa perché pone un forte accento sul sacrificio collettivo e sulla mobilitazione totale della società in tempi di guerra, caratteristiche che si riflettono nella capacità di sostenere guerre prolungate nonostante perdite ingenti. La storia sovietica, in particolare durante la «Grande guerra patriottica», ha cementato proprio l'idea che la nazione può sopportare enormi sacrifici per respingere l'invasore e vincere il conflitto.

Più in particolare, la dottrina russa include operazioni di logoramento pianificate per erodere gradualmente le capacità del nemico: è stato evidente prima in Afghanistan e ora in Ucraina. Le operazioni mirano a mantenere una pressione costante sul nemico, distruggendone le risorse e inducendolo a un esaurimento progressivo, valorizzando la resilienza psicologica della popolazione e la capacità delle truppe di sopportare condizioni estreme. Per questo l'addestramento militare e la narrativa storica esaltano, egualmente, la resistenza e il sacrificio. Da qui l'importanza della propaganda e della mobilitazione delle risorse nazionali per galvanizzare il supporto pubblico e mantenere il morale alto, anche di fronte a perdite significative oppure alle sanzioni economiche internazionali.

Sono tali caratteristiche della guerra d'attrito russa a spingere l'Ucraina ad affrontarla rifacendosi al precedente della Prussia durante la Guerra dei sette anni – dal 1756 al 1763 –, quando il principe Enrico trovandosi a fronteggiare in un lungo periodo una coalizione di forze ben superiori alle proprie si affidò alla strategia riassunta dal motto «resisti, costruisci e colpisci». Ovvero, per lunghi anni la Prussia gestì le poche forze di cui disponeva per continuare a prolungare il conflitto in qualsiasi maniera, con ogni possibile espediente, guadagnando il tempo necessario per costruire una capacità militare in grado di mettere a segno un contrattacco efficace per arrivare a una pace onorevole, evitando la sconfitta. D'altra parte, quanto avvenuto finora durante il conflitto testimonia che quando l'Ucraina accetta le regole tattiche dell'avversario, non ha successo: nella battaglia di Bakhmut le forze russe hanno subito il quadruplo delle perdite rispetto a Kiev, ma poiché il 70 per cento dei caduti di Mosca erano detenuti reclutati dalla Brigata Wagner il sacrificio di vite in realtà è stato assai «relativo» per Putin. L'interesse di Zelensky deve essere dunque quello di imporre una tattica differente, salvare i propri soldati il più possibile, per usarli con abilità per impegnare l'avversario in tempi sufficientemente lunghi allo scopo di preparare una decisiva controffensiva e così concludere il conflitto.[2]

IL FRONTE CALDO, DAL MAR NERO ALL'ARTICO

C'è una nuova frontiera che separa l'Europa. È frutto dell'aggressione russa all'Ucraina, che si è andata formando negli oltre due anni passati da allora e disegna uno spartiacque strategico, precario, sul terreno del Vecchio continente: fra le democrazie e

2. Storring, Adam L., *A prussian strategy for wars of attrition*, «War on the Rocks», 24 aprile 2024.

la Russia. È un fronte caldo, lungo il quale c'è un'area di combattimento che può allargarsi, innescare nuove crisi e conflitti imprevedibili.

Il punto iniziale è sulle rive della Crimea, sul Mar Nero, la penisola che la Russia occupa dal 2014. Poi corre lungo il fronte militare fra i territori ucraini invasi da Mosca nel Nordest, le province di Donetsk e Luhansk nel Donbass, seguendo a volte il corso del fiume Dnepr. È una zona di combattimento aspro, dove si cade e si muore. Si combatte nelle trincee come avveniva nella Prima guerra mondiale usando però anche le armi più avanzate, come i droni. Sul lato orientale del fronte ci sono le basi russe e su quello occidentale i soldati ucraini. Il secondo esercito più grande del mondo fronteggia le forze armate di una democrazia aggredita sostenuta dalle armi della Nato. Lì dove il Donbass finisce, oltre Kharkiv, a nord di Kiev, il fronte coincide con il confine fra Russia e Ucraina. Sulla parte russa ci sono le installazioni militari dove Mosca accumula armi convenzionali in quantità imponente, mentre sul lato opposto le postazioni ucraine servono alla protezione della capitale, oppure a lanciare missili e droni in profondità nel territorio nemico. È un vero e proprio campo di battaglia.

Procedendo verso nord, il fronte vira verso occidente e si sovrappone alla frontiera bielorussa perché Minsk è un vassallo di Mosca, il presidente Lukašenko ha un patto strategico con Putin e ospita truppe e infrastrutture strategiche russe. Quando Mosca compie esercitazioni militari considera la Bielorussia come l'estensione del proprio territorio, un'appendice strategica. Per questo è da qui che possono arrivare i maggiori pericoli per la città di Kiev, a cominciare da un attacco a sorpresa per eliminare Zelensky e il suo governo. La Bielorussia confina con la Polonia e se Varsavia afferma con i suoi ministri di essere pronta a mandare

EUROPA CENTRALE
IL FRONTE CALDO MILITARE

C'è una nuova frontiera militare che divide l'Europa. E lungo la quale si combatte o ci si prepara a farlo. Inizia sul Mar Nero, dove le truppe russe si sono attestate per avanzare verso il resto dell'Ucraina, sale lungo il fiume Dnepr contrapponendo le trincee dei cobelligeranti, continua nella regione del Kursk russo teatro dell'incursione di Kiev, sale lungo i confini della Bielorussia filo-Putin con la Polonia atlantica e arriva fino al Mar Baltico, costeggiando i confini di Lituania, Lettonia ed Estonia che si sentono minacciate dall'Armata di Mosca. La parte più imprevedibile è ancora più a Nord, lungo il confine fra Russia e Finlandia, che è ora separa Mosca e la Nato. Qui gli eserciti più potenti e meglio armati del pianeta si fronteggiano a poche decine di metri di distanza, attraversando la Carelia contesa dalla Seconda guerra mondiale, fino a toccare le coste del Mar Artico. È lungo questa frontiera calda che si sviluppa la grande guerra d'attrito e si giocano i nuovi equilibri globali. Perché il confronto è fra visioni opposte, contrastanti, dell'architettura di sicurezza in Europa.

Fronte Nato/Russia
Nuova cortina di ferro
Linea del fronte "mobile"
Carelia contesa
ISLANDA
Oceano Atlantico
NORVEGIA
SVEZIA
IRLANDA
REGNO UNITO
DANIMARCA
Mar Ba
Kalining
PAESI BASSI
BELGIO
GERMANIA
POLON
LUSS.
REP. CECA
SLOVA
FRANCIA
SVIZZERA
AUSTRIA
UNGH
SLOV.
CROAZIA
BOSNIA ERZ.
PORTOGALLO
SPAGNA
ITALIA
ROTA (MARINA)
Mar Mediterraneo
MAROCCO
ALGERIA

ULTIME MOSSE DELLA NATO
Finlandia:
Possibile deposito di armi ed equipaggiamenti Nato
Romania:
Ampliamento della base Mihail Kogălniceanu destinata a diventare la più grande base Nato in Europa
Albania:
A marzo 2024 è stata riaperta la base aerea di Kuçova per supporto logistico alle operazioni aeree della Nato
Lettonia:
Base attivata come terza base Nato per i caccia alleati impiegati per la missione di polizia aerea del Baltico
missione di polizia aerea del Baltico
Europa
Paesi Nato
Tensione nei Paesi balcanici
Basi e strutture Nato/Usa strategiche
Russia
Basi coinvolte nelle tensioni con la Nato:
Mig-31
Bombardieri Tu-22
Esercito
Base droni Shahed
Flotte
Missili Iskander
Bombardamenti e combattimenti
Territori occupati dalla Russia
1 Transnistria
2 Abkhazia
3 Ossezia del Sud
4 Nagorno Karabakh (Regione contesa)
5 Area di Kursk
Zona sotto il controllo ucraino
FINLANDIA
OLENYA
FEDERAZIONE RUSSA
LLINN
EST.
SOLTSY
RIGA
LETT.
ANIA
NIUS
MOSCA
Murom
SAVASLEYKA
Smolensk
YELNA
SHAYKOVKA
BIELORUSSIA
Brjansk
KLINSTY 1-2-3
Voronez
ZYABROVKA
BOVHARKA
RECHITSA
SLOTY
POGONOVO
VALUYKI
BOGUCHAR
KIEV
Kharkiv
Volgograd
UCRAINA
Territori ucraini occupati dalla Russia
KAMENSK-SHAKHTYNSKY
KADAMOVSKY
KUZMINSKY
PRIMORSKO-AKHTARSK
MOLDOVA
Crimea
Caucaso
Mar Caspio
ROMANIA
Mar Nero
GEORGIA
AZERBAIGIAN
ARMENIA
BULGARIA
TURCHIA
IRAN
SIRIA
IRAQ
ECIA

i soldati per difendere l'Ucraina è anche per far capire a Minsk che non accetterà attacchi o provocazioni per conto di Putin. Come fece Lukašenko nel 2021 usando i migranti come strumento di pressione, facendoli arrivare in aereo dal Medio Oriente per spingerli verso le frontiere dell'Unione Europea. Oggi il presidente polacco Tusk è determinato a impedire che la Bielorussia – e dunque la Russia – sfrutti questo confine per creare fibrillazioni interne alla Polonia.

Proseguendo verso nord, la Bielorussia confina con Lituania e Lettonia. È una zona ad altissimo rischio di scintille o conflitti Nato-Russia, perché quest'ultima incombe su Lettonia ed Estonia. E la Lettonia è il Paese con la maggior percentuale di russofoni nella Nato, oltre al fatto che Mosca ha da sempre il desiderio di creare fra la Bielorussia e la propria enclave di Kaliningrad un corridoio fisico di collegamento, senza dover più attraversare Paesi atlantici. Quando la Nato afferma di temere per la sorte dei Baltici pensa a questo corridoio. E se nei summit atlantici i leader dei Paesi baltici intervengono per far presente che se dovesse cadere Kiev loro sarebbero i prossimi, è su questo angolo di Europa che si concentrano gli sguardi. Perché se la Russia volesse, potrebbe rioccupare i Paesi baltici – l'Urss lo fece nel 1940 – in appena sei giorni. Ma oggi diventerebbe una sfida aperta all'articolo 5 della Nato, ovvero alla difesa collettiva. E non è tutto: procedendo ancora più a nord, e passando per San Pietroburgo, l'ultima parte di questo fronte caldo europeo contrappone Finlandia e Russia. È il confine meno conosciuto e più ricco di incognite: l'esercito finlandese durante la Guerra fredda, pur rappresentando una nazione neutrale, si è dotato di una grande capacità militare, alimentata da un patriottismo antico. Vi sono regioni come la Carelia russa che la Finlandia reputa proprie perché i contenziosi territoriali – ereditati dalla Seconda guerra mondiale – sono molteplici e perché la Finlandia, a differenza dei Paesi baltici, dispone di una forza militare di alta qualità.

Dunque, nel cuore dell'Europa, dal Mar Nero all'Artico, si estende un fronte che descrive e riassume il duello Nato-Russia. Ed è un duello che, di regione in regione, non potrebbe essere più diverso: dalla Crimea al Donbass si combatte con le armi, in Bielorussia le tensioni con Polonia e Ucraina covano sotto la cenere, il corridoio di Kaliningrad è un casus belli da manuale con Polonia e Baltici, e in Finlandia si insidiano le incognite maggiori. Sono i tasselli di un mosaico frutto delle mosse di Putin, mirato a mantenere sotto costante pressione la Nato e l'intera Europa giocando su ogni centimetro quadrato di questa frontiera come se valesse l'intera partita per i nuovi assetti continentali.

C'è un addendum a questo scenario ed è il Mar Nero, perché include il Caucaso dove c'è un conflitto permanente fra Russia e Georgia, con due regioni di Tbilisi che la Russia occupa dal 2008, e la Transnistria moldava occupata anch'essa da forze russe sin dal 1992. Per non parlare della guerra sul Nagorno Karabakh conteso fra Armenia e Azerbagian, dove Mosca ha sempre sostenuto Erevan fino al momento in cui Parigi l'ha allontanata. Mosca ha un interesse prioritario nel fare leva su crisi, contenzioni e conflitti per esercitare il massimo dell'influenza sul Mar Nero, che considerava un suo lago all'epoca dell'Urss – nonostante oggi sia tutto molto più difficile, perché Romania e Bulgaria sono nella Nato. E poi c'è l'incognita della Turchia che pur essendo parte dell'Alleanza atlantica conserva un rapporto privilegiato con la Russia.

La storia dell'Europa ci suggerisce che è a questa lunga frontiera rovente a cui dobbiamo guardare ogni singolo giorno per provare a comprendere la crisi che verrà.

OBIETTIVO MOLDAVIA

La campagna europea di Vladimir Putin procede a ritmi veloci, e a ridosso dell'Ucraina c'è un'altra nazione della regione del Mar Nero che teme di diventare preda delle mire di Mosca: la Moldavia.

L'accelerazione è progressiva. Prima il Parlamento della Transnistria e poi la leader della Gagauzia, Evghenia Gutul, hanno formalmente chiesto «protezione» a Mosca. Si tratta di due regioni moldave, ostili al governo di Chisinau.[3] La Transnistria, a est, ospita dal 1992 un contingente militare di Mosca a garanzia dei 220.000 abitanti cittadini russi – circa la metà della popolazione – mentre la Gagauzia ha 150.000 residenti in maggioranza di etnia turca garantiti da un'autonomia locale che guarda alla Russia. Tanto l'appello da parte dei rappresentanti della Transnistria che la visita di Gutul a Sochi – dove nel marzo 2024 ha incontrato il presidente Putin – ripropongono la dinamica di popolazioni russofone o filorusse che chiedono «aiuto» al Cremlino in maniera assai simile a quanto avvenuto in Crimea e Donbass nel caso dell'Ucraina e, in precedenza, in Abcasia e Ossezia del Sud nel caso della Georgia. Si tratta di precedenti che fanno temere alla Moldavia una possibile aggressione militare, perché con motivazioni analoghe la Russia invase – e ancora occupa – la Georgia nel 2008, giustificò l'annessione della Crimea nel 2014 e anche l'attacco all'Ucraina nel 2022, che avvenne su formale richiesta delle repubbliche autonome del Donbass.

C'è un'altra coincidenza: la Moldavia sta per iniziare i negoziati per l'adesione all'Unione Europea – sulla base della decisione presa da Bruxelles in dicembre – e proprio il tema dell'avvicinamento

3. Jack, Victor, *Putin vowed to protect pro-Russia moldovan region, its leader says*, «Politico», 7 marzo 2024.

dell'Ucraina all'Ue è stato nel 2013 alla genesi della «rivoluzione di Maidan», ovvero la protesta di piazza contro l'improvvisa decisione dell'allora presidente Viktor Yanukovič di non firmare l'accordo di associazione con Bruxelles, preferendogli l'Unione economica eurasiatica con Mosca. Se a questo aggiungiamo la volontà dell'Unione Europea di aprire i negoziati di adesione con Ucraina e Moldavia proprio per proteggerle dalle minacce in arrivo dalla Russia, non è difficile arrivare alla conclusione che Transnistria e Gagauzia assomigliano molto a due pedine che Putin sta giocando sulla scacchiera del Mar Nero per ostacolare l'allargamento a est dell'Ue e al contempo per ribadire la volontà strategica di ridisegnare l'architettura di sicurezza eurasiatica per riportare sotto l'ombrello di Mosca tutti gli oltre ventuno milioni di russofoni che dall'indomani del crollo dell'Urss vivono in nazioni limitrofe alla Federazione.

È uno scenario che allarma Ue e Nato, e spiega perché la premier moldava Maria Sandu si è recata a Parigi per incontrare il presidente Emmanuel Macron e suggellare un patto di collaborazione che assicura a Chisinau un immediato ombrello difensivo. Perché, come osserva il premier polacco Donald Tusk, «la minaccia russa nei confronti della Moldavia è un dato permanente». D'altra parte, il premier moldavo Dorin Recean parla a chiare lettere di una «guerra ibrida» lanciata da Mosca contro il suo Paese, con attacchi cyber, finanziamenti e altri stratagemmi tesi ad alimentare l'«ansia della popolazione», puntando a favorire in ogni modo i partiti filorussi.[4]

È interessante notare come tali mosse di Mosca hanno coinciso con la campagna per le elezioni europee. Per il semplice

4. Lutsevych, Orysia – Pasha, Valeriu, *Is Moldova a new battleground in Russia's war?*, Chatham House, 5 aprile 2024.

motivo che nell'agenda della nuova Commissione Ue ci sarà il rafforzamento delle istituzioni comuni al fine di affrontare l'allargamento a est – Ucraina, Moldavia e Balcani occidentali – mentre Mosca ha evidente interesse a impedire che ciò avvenga e dunque opera su più tavoli: da un lato tenta di ostacolare il negoziato di Chisinau con Bruxelles, dall'altra accelera le operazioni militari in Ucraina per mettere sulla difensiva Volodymir Zelensky, e infine sostiene in maniera ibrida tutte quelle forze politiche europee – dall'Afd in Germania a Le Pen in Francia – ideologicamente contrarie a una maggiore integrazione Ue. È la campagna europea di Putin tesa a indebolire quanto più possibile i partner dell'Ue, al fine non solo di pregiudicare la coesione interna della Nato ma anche di innescare una nuova dinamica sul Vecchio continente, con Mosca interlocutrice privilegiata di tutte quelle forze politiche che credono nella resurrezione delle vecchie patrie nazionali. Ed è interessante notare come il Cremlino sappia rivolgersi a ogni pubblico nazionale con modalità differenti, al fine di trovare ascolto e interlocutori, puntando ad esempio in Italia su volti comuni – studenti o artisti di strada – campagne social o siti Internet rudimentali per costruirsi una credibilità partendo dalle viscere dell'opinione pubblica. Tanto su questo fronte come su quello della Moldavia, Putin si muove con sicurezza e senza alcuna fretta. Lasciando trapelare la convinzione di avere il tempo dalla sua parte.

ARMI NUCLEARI, CADE IL TABÙ

Nel discorso che pronuncia alla nazione il 29 febbraio 2024 sull'Ucraina Putin afferma che le forze nucleari russe «sono in pieno stato di preparazione» e «in grado di colpire l'Occidente».[5] È la prima volta che il Cremlino si spinge così lontano, portando alle estreme conseguenze una raffica di minacce nucleari nei confronti della Nato e dell'Europa che l'ex presidente Dmitrij Medvedev aveva in precedenza lanciato, dall'inizio dell'aggressione a Kiev. Se Putin va oltre il linguaggio di Medvedev e per la prima volta ipotizza l'uso concreto di un'arma nucleare è perché, spiega Alexander Gabuev, direttore del Carnegie Russia Eurasia Center di Berlino, è avvenuto qualcosa di specifico: «Mosca ha abbassato di molto la soglia del ricorso al nucleare fino al punto da prevederne l'uso se un particolare risultato non può essere raggiunto con il ricorso a mezzi militari convenzionali».[6] Nel caso specifico, Putin sta reagendo alle dichiarazioni del presidente francese Macron sul possibile invio di consiglieri militari in Ucraina per sostenere l'esercito di Kiev in difficoltà, e la scelta è dunque di trasformare le armi nucleari in uno strumento per esercitare pressioni al fine di ottenere un particolare risultato politico. Ovvero, per indurre Macron a ripensarci e per spingere la Nato a convincerlo a farlo.

Ma a essere più rilevante è che in questa maniera Mosca si discosta dalla strategia seguita durante la Guerra fredda, quando l'Urss affermava che avrebbe usato il nucleare solo e unicamente in risposta a un attacco – stessa posizione assunta in più occasioni dal Cremlino dopo la dissoluzione dell'Unione Sovietica, riferendosi alla possibilità di adoperare armi atomiche per difendere il regime. È dunque l'invasione dell'Ucraina, nel febbraio 2022, a

5. Troianovski, Anton, *Putin says west risks nuclear conflict if it intervenes more in Ukraine*, «The New York Times», 29 febbraio 2024.

6. Seddon, Max – Cook, Chris, *Leaked russian military files reveal criteria of nuclear strike*, «Financial Times», 28 febbraio 2024.

comportare la svolta: Putin si spinge fino a trasformare l'arsenale atomico in uno strumento di escalation – diplomatica o militare – per condizionare a proprio favore gli eventi sul campo di battaglia, con l'obiettivo di mettere in difficoltà l'avversario o tentare di indurre l'Occidente a prendere le distanze da Kiev. Secondo l'analista russo Sergej Karaganov la scelta di «adoperare per primi un'arma nucleare tattica in Europa può essere necessaria per causare uno shock tale nella Nato da spingerla a cedere alle posizioni russe sulla situazione in Ucraina».[7] Ciò significa ammettere che la superiorità militare della Nato, o l'impossibilità di riuscire a imporsi contro l'Occidente su uno specifico terreno di confronto, può giustificare la scelta di usare per primi un'arma nucleare tattica per ottenere uno specifico risultato politico o militare.[8]

La conseguenza è quindi un cambiamento della dottrina sull'uso di una particolare tipologia di armamenti: le armi nucleari non strategiche (Nsnw), ovvero destinate a essere impiegate sul campo di battaglia in specifiche situazioni militari. Sono armi non pensate per mettere fuori combattimento l'avversario ma per raggiungere singoli obiettivi tattici sul terreno. Per Mosca possono avere un ruolo molto importante se adoperate in coordinamento con altre attività militari al fine di, ad esempio, impedire conflitti non desiderati, influenzare l'andamento delle operazioni su un campo di battaglia, limitare l'escalation di uno scontro o assicurarsi di prevalere sull'avversario in un singolo teatro di guerra. C'è dunque un passaggio concettuale di primaria importanza, da come la leadership dell'Urss immaginò l'arsenale nucleare – per

7. Cimbala, Stephen J. - Korb, Lawrence J., *Putin's nuclear warnings: heightened risk or revolving door?*, «Bulletin of the Atomic Scientists», 28 marzo 2024.

8. Singh, Arushi, *Russia's nuclear strategy: changes or continuities*, «Jams - Journal of Advanced Military Studies», vol. 14, n. 2, 2023, pp. 34-38.

assicurarsi la sopravvivenza – a come Putin immagina di adoperare ogive tattiche, su singoli scenari, per perseguire obiettivi specifici e di prevalere su un avversario – la Nato o gli Stati Uniti – che considera tecnologicamente superiore. La conseguenza di questo cambio di approccio al nucleare è che l'attacco atomico per la Russia diventa una scelta tattica, dunque, più probabile perché non implica l'innesco di un conflitto su larga scala né tantomeno l'Apocalisse atomica globale.[9]

Con tali premesse è possibile comprendere meglio le scelte compiute da Putin sul fronte degli investimenti militari dal 2023 in avanti: dalla costruzione del sottomarino strategico *Imperatore Alessandro III*, della classe Borei, allo sviluppo del missile ipersonico Kh-47M2 Kinzhal, fino al dispiegamento di missili balistici Iskander a Kaliningrad e di cruise 3M-54 Kalibr, basati su nave. Perché possono tutti essere armati con ogive nucleari non strategiche. E anche la decisione di posizionare tanto nell'enclave di Kaliningrad sul Baltico che in Bielorussia armi nucleari tattiche[10] rientra in queste mosse, che mutano l'assetto strategico in Europa perché rendono possibili, per la prima volta, azioni nucleari limitate. In particolare, a Kaliningrad, secondo la Nato, Mosca avrebbe posizionato dozzine di missili Iskander, che possono colpire Berlino e Copenaghen con armi nucleari. Ma non è tutto: Putin pensa anche di riprendere la produzione di missili strategici a medio e corto raggio, in grado di trasportare ordigni atomici, al fine di dispiegarli nei pressi degli Stati Uniti e dei loro alleati «in risposta» ad analoghe decisioni che, a

9. Alberque, William, *Russian military thought and doctrine related to non-strategic nuclear weapons: change and continuity*, Iiss - International Institute for Strategic Studies, 22 gennaio 2024.

10. Baev, Pavel K., *Nuclear brinkmanship in Putin's war: upping the ante*, Brookings Institution, 14 maggio 2024.

suo avviso, il Pentagono ha preso negli ultimi anni posizionando armamenti simili in Danimarca e Filippine. Si tratta di un passo non indifferente, perché l'accordo sulla limitazione dei missili a medio raggio – Inf – fu il primo trattato firmato nel 1987 dall'allora segretario del Pcus, Michail Gorbačëv, e dal presidente Usa, Ronald Reagan, dando vita al processo di riduzione degli arsenali nucleari. Gli Stati Uniti hanno abbandonato l'accordo nel 2019, quando l'allora presidente Trump accusò Mosca di violare il trattato. Da quel momento Putin si è autoimposto una moratoria sul trattato Inf ma ora afferma di voler riprendere la produzione di questi missili, e l'idea di posizionarli per sfidare gli Usa su più fronti lascia intendere che potrebbero essere destinati a territori di Paesi considerati alleati – come Bielorussia, Iran e Nord Corea – oppure alla propria enclave di Kaliningrad. Si vuole quindi fare leva sul nucleare per riproporre una dimensione globale della contesa con gli Stati Uniti, tornando sull'impostazione che aveva l'Urss.[11] È di fronte a questa escalation russa che il presidente Biden, durante il summit Nato a Washington per i settantacinque anni dell'Alleanza, annuncia il posizionamento in Germania di nuovi missili a lungo raggio – anche ipersonici – in grado di colpire il territorio russo. E la risposta del Cremlino non si fa attendere: «Se lo farete, le capitali europee saranno a rischio». Torna il duello sui missili nucleari in Europa a oltre quarant'anni di distanza dalla decisione di Ronald Reagan di dispiegare in Germania e Italia i pershing e i cruise per rispondere agli SS-20 dell'allora Urss.

11. Faulconbridge, Guy – Antonov, Dmitrij, *Putin says Russia may resume global deployment of intermediate range missiles*, Reuters, 28 giugno 2024.

L'ARMA DELLA RUSSOFONIA

Un elemento chiave per comprendere la strategia di Putin è l'importanza dei russofoni ovvero l'insieme delle persone di lingua e cultura russa che abitano al di fuori dei confini della Federazione sono presenti in numerose nazioni dell'ex Unione Sovietica, dall'Ucraina alla Bielorussia fino al Kazakistan e in molti altri Stati dell'Europa orientale e dell'Asia centrale. Per un totale stimato di quasi quattordici milioni di anime.

Queste comunità rappresentano un legame culturale e storico con la Russia e Putin ha dimostrato di essere pronto a difendere i diritti e gli interessi dei russofoni al di fuori del suo Paese, fino al punto da farne motivo di interventi militari. L'annessione della Crimea nel 2014 è un momento cruciale: Putin giustifica l'operazione con la volontà di proteggere la popolazione russofona contro presunte minacce. Anche nell'Ucraina orientale, il Cremlino sostiene movimenti separatisti russofoni che rivendicano l'indipendenza da Kiev. L'ideologia politica di Putin, da alcuni definita «eurasiatismo», promuove l'idea di una Russia come ponte tra l'Europa e l'Asia, sottolineando il ruolo centrale della cultura russa come collante per le diverse nazioni dell'area ex sovietica. Questa visione si basa sul concetto di «Russkij Mir» (il mondo russo), che mira a proteggere e promuovere l'identità russa al di là dei confini della Federazione. Il concetto di «Russkij Mir» e il suo ruolo nel plasmare l'ideologia russa hanno radici profonde nella storia, la politica e la cultura nazionali. Dal punto di vista strategico, questo sostegno ai russofoni si inserisce in una visione più ampia di consolidamento della sfera di influenza di Mosca nelle regioni confinanti, in un momento in cui la Russia si sente circondata da una crescente presenza occidentale. Putin

LA MAPPA DELLA RUSSOFONIA

La mappa della russofonia descrive le ambizioni imperiali di Vladimir Putin. Il suo intento è riportare sotto il controllo diretto di Mosca i quasi 14 milioni di russofoni che vivevano fino al 1991 dentro i confini dell'Unione Sovietica ma adesso sono fuori dalle attuali frontiere della Federazione Russa. Ricongiungere Mosca a queste popolazioni significa voler cambiare i confini fra nazioni sovrane. Questo spiega l'invasione della Georgia nel 2008, l'annessione della Crimea nel 2014 e l'attacco all'Ucraina nel 2022 ma anche i rapporti di intesa strategica con la Bielorussia e le minacce ricorrenti alla sovranità della Moldova e dei Paesi Baltici. In Asia centrale è il Kazakhstan, seconda nazione russofona più popolosa dopo l'Ucraina, a temere le mire di Putin. Non sfugge che la logica della riunificazione dei russofoni porta a ridisegnare l'equilibrio strategico attorno ai confini di Mosca. Se Putin segue questa strada è perché risponde alla sua ideologia: l'esaltazione del legame fra terra e popolo russi come priorità nazionale per ridefinire gli equilibri in Europa e Asia centrale.

Fonte: Calendario Atlante De Agostini 2024

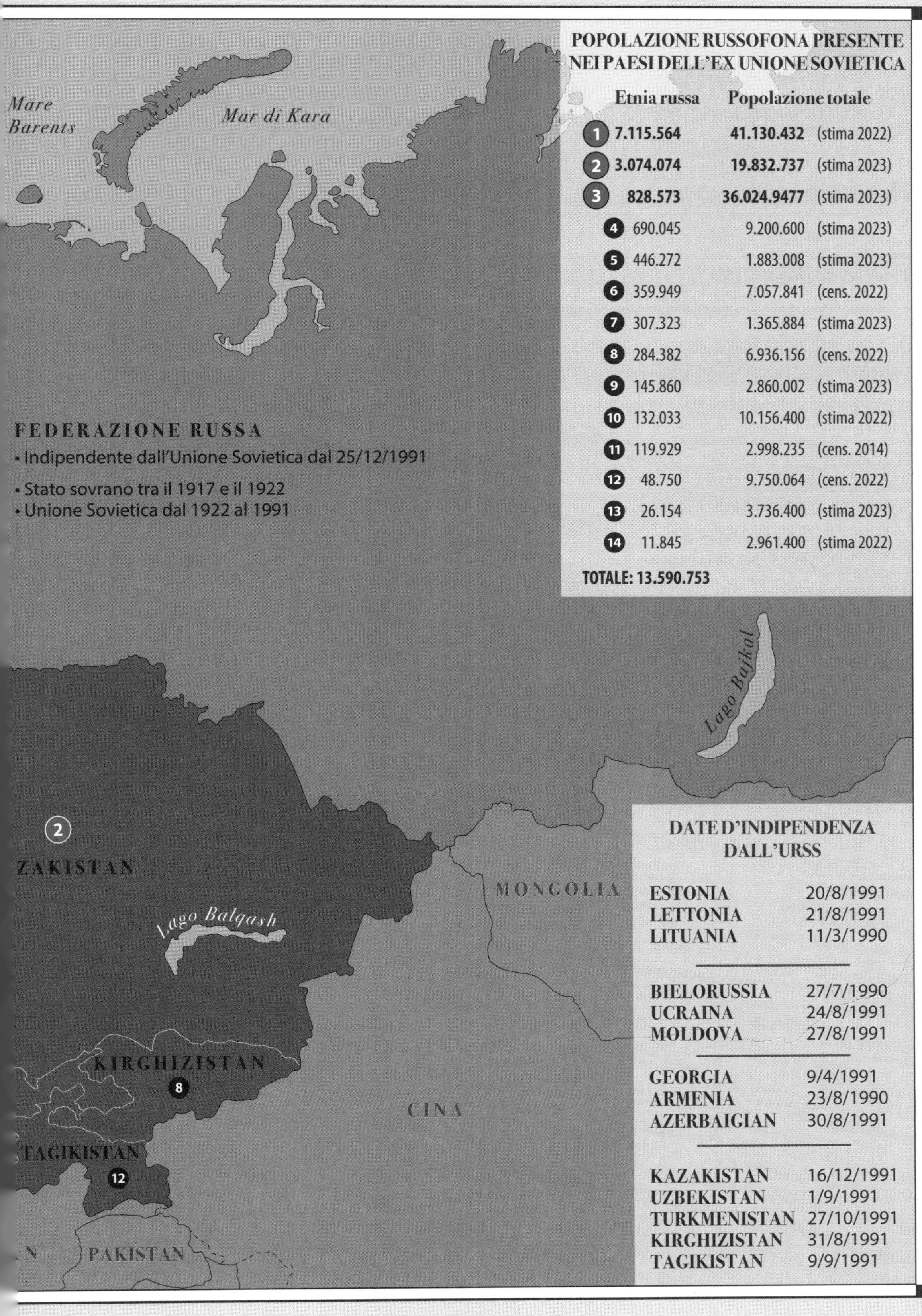

POPOLAZIONE RUSSOFONA PRESENTE NEI PAESI DELL'EX UNIONE SOVIETICA

	Etnia russa	Popolazione totale	
1	**7.115.564**	**41.130.432**	(stima 2022)
2	**3.074.074**	**19.832.737**	(stima 2023)
3	**828.573**	**36.024.9477**	(stima 2023)
4	690.045	9.200.600	(stima 2023)
5	446.272	1.883.008	(stima 2023)
6	359.949	7.057.841	(cens. 2022)
7	307.323	1.365.884	(stima 2023)
8	284.382	6.936.156	(cens. 2022)
9	145.860	2.860.002	(stima 2023)
10	132.033	10.156.400	(stima 2022)
11	119.929	2.998.235	(cens. 2014)
12	48.750	9.750.064	(cens. 2022)
13	26.154	3.736.400	(stima 2023)
14	11.845	2.961.400	(stima 2022)

TOTALE: 13.590.753

DATE D'INDIPENDENZA DALL'URSS

ESTONIA	20/8/1991
LETTONIA	21/8/1991
LITUANIA	11/3/1990
BIELORUSSIA	27/7/1990
UCRAINA	24/8/1991
MOLDOVA	27/8/1991
GEORGIA	9/4/1991
ARMENIA	23/8/1990
AZERBAIGIAN	30/8/1991
KAZAKISTAN	16/12/1991
UZBEKISTAN	1/9/1991
TURKMENISTAN	27/10/1991
KIRGHIZISTAN	31/8/1991
TAGIKISTAN	9/9/1991

percepisce i russofoni come un cardine per sostenere la presenza e l'influenza in queste aree, utilizzandoli come strumento di pressione politica ed economica. Ecco perché l'importanza di questa componente demografica per l'ideologia e la strategia del Cremlino è evidente: rappresentano un'opportunità per la Russia di mantenere la sua influenza regionale e costituiscono una sfida a stabilità e sicurezza delle nazioni confinanti. L'equilibrio tra il diritto delle comunità russofone di preservare la propria identità culturale e la sovranità nazionale degli Stati ospitanti è cruciale per il futuro delle relazioni internazionali nell'Eurasia.

In tale contesto è interessante valutare la relazione tra le opinioni di Aleksandr Dugin, teorico politico, filosofo e attivista russo, e l'ideologia di Vladimir Putin. Dugin è noto per le visioni geopolitiche radicate nell'«eurasiatismo» e nella «quarta teoria politica», che comprende una critica sia al liberalismo occidentale che all'ideologia fascista e comunista. Le opinioni di Dugin hanno un impatto nel dibattito politico in Russia e contribuiscono a plasmare il circolo intellettuale che più influenza Putin. In particolare, sia Aleksandr Dugin che Vladimir Putin esprimono un forte sostegno alla diffusione e la preservazione della russofonia.[12] Dugin sostiene l'importanza della «civilizzazione russa» e la promozione dell'identità culturale russa all'interno dello spazio postsovietico e oltre i confini della Federazione. Le sue teorie sull'«eurasiatismo» enfatizzano il ruolo centrale di Mosca come guida di una comunità culturale e geopolitica più ampia che si estende dalla Russia all'Europa orientale e centrale. E Putin ha fatto leva su queste idee per promuovere attivamente la lingua e la cultura russe come elementi unificanti per i Paesi della Comunità

12. Sadohin, Serghei, *What is behind Alexander Dugin's «russian world»?*, «New Eastern Europe», 9 novembre 2022.

degli Stati indipendenti (Csi) e per la diaspora russa nel mondo. Ha sostenuto la creazione di organizzazioni internazionali quali la Comunità degli Stati indipendenti e l'Unione economica eurasiatica per promuovere la cooperazione tra i Paesi che condividono la lingua e la cultura russe.

IL FOCOLAIO DEI BALCANI

Nella guerra ibrida che conduce contro le democrazie dell'Occidente, il presidente russo investe sul nazionalismo panslavo per aprire un nuovo fronte: i Balcani. Il Cremlino sente di avere il vento a favore: in Ucraina la controffensiva antirussa dei generali di Kiev, nell'estate 2023, non ha raggiunto i suoi obiettivi e ora devono rafforzare le difese; in Medio Oriente il sanguinoso attacco di Hamas a Israele – ispirato dall'Iran, alleato di Mosca – è riuscito a congelare gli Accordi di Abramo sostenuti da Usa e Ue per arrivare a una composizione del conflitto arabo-israeliano; nel Sahel i golpisti nigerini accelerano il distacco dall'Unione Europea, consentendo ai trafficanti di uomini di operare, mentre la Brigata Wagner consolida le sue posizioni dal Mali alla Repubblica Centrafricana. Insomma, su ogni fronte di crisi calda nel «Mediterraneo allargato», l'Occidente appare in difficoltà, indebolito.

Se a questo aggiungiamo la decisione di Putin di aumentare di 150.000 effettivi le forze militari russe – portandole oltre quota 1,2 milioni – e la sua rielezione a valanga nelle presidenziali del 2024, non è difficile comprendere perché il Cremlino da una parte non sia interessato a trattare sul cessate il fuoco in Ucraina e dall'altra stia lavorando per creare un nuovo focolaio di instabilità ai danni di Usa e Ue. Proprio nei Balcani, l'area dove Mosca negli anni Novanta sosteneva la Federazione Jugoslava di Slobodan Milošević nelle aggressioni contro Slovenia, Croazia, Bosnia-Erzegovina e Kosovo; dove la Nato intervenne nel 1999 con la campagna aerea che bloccò la pulizia etnica serba contro i kosovari e dove ora più Paesi – Serbia, Bosnia-Erzegovina, Albania, Montenegro, Kosovo e Macedonia del Nord – sono in attesa di entrare nell'Unione Europea. Se i Balcani occidentali dovessero iniziare il percorso di adesione all'Ue nel 2025, seguendo le richieste già presentate da Ucraina e Moldavia, Mosca si troverebbe davanti allo scenario che teme di più: la possibilità che anche la Serbia di Aleksandar Vučić, il suo più tradizionale alleato regionale, possa decidere di guardare a Bruxelles, con il risultato di estromettere del tutto il Cremlino dall'Europa del Sudest. Tantopiù che Croazia, Montenegro, Albania e Macedonia del Nord sono già nella Nato e la Bosnia-Erzegovina ha iniziato il proprio processo di adesione.

Da qui la campagna che Putin ha iniziato a condurre nei Balcani occidentali puntando – secondo quanto affermano fonti diplomatiche a Washington e Bruxelles – su «interventi ibridi»: investimenti e iniziative da parte del gigante energetico Gazprom e della banca Sberbank mirati a sostenere gruppi economici, religiosi e culturali favorevoli a un ultranazionalismo serbo che è per natura filorusso.[13] Gli interventi in corso sono a favore di una miriade di enti e organizzazioni: dai club sportivi alle scuole, dai centri religiosi ai mezzi di informazione, dalle associazioni culturali ai gruppi di veterani che, anzitutto in Serbia, e più in generale ovunque vi siano minoranze serbe – dal Kosovo alla

13. Savic, Misha – Quinn, Aine, *Serbia seeks Putin's help for gas deal renewal amid price surge*, Bloomberg, 10 ottobre 2021.

Bosnia-Erzegovina –, intensificano i legami con la Russia per ostacolare ogni avvicinamento all'Unione Europea. Con Belgrado sono cresciuti anche i rapporti militari – grazie alla vendita di droni, missili anticarro e difese antiaeree – mentre il centro umanitario Niš è sospettato di essere la copertura per operazioni di interferenza di ogni tipo. Senza contare il finanziamento non dichiarato di Mosca a gruppi paramilitari e centri di addestramento destinati a formare i giovani serbi al nazionalismo più acceso. In questa «campagna ibrida» un posto particolare appartiene alla Chiesa ortodossa russa: sostiene infatti le rivendicazioni della Chiesa ortodossa serba su alcuni dei più importanti luoghi di culto del Kosovo sulla base di contenuti che esaltano la «civilizzazione panslava» in contrapposizione all'Occidente, come sostenuto da un nugolo di associazioni caritatevoli ortodosse finanziate dal miliardario Konstantin Malofeev, ritenuto assai vicino a Putin. Se a questo aggiungiamo il ruolo chiave di Gazprom nella compagnia petrolifera nazionale serba e il sostegno dichiarato del Cremlino – con finanziamenti e forniture belliche – alla Republika Srpska di Milorad Dodik in Bosnia-Erzegovina, che rivendica anche il diritto di avere proprie forze armate indipendenti dal governo di Sarajevo, non è difficile arrivare alla conclusione che Mosca sta tentando in ogni modo di ostacolare l'adesione bosniaca alla Nato e quella dei Paesi dei Balcani occidentali all'Ue.[14] Non a caso diplomatici russi hanno recentemente definito l'eventuale entrata di Sarajevo nell'Alleanza come un «atto ostile». Per prevenire il quale, secondo fonti diplomatiche europee, Mosca sta finanziando anche gruppi ultranazionalisti croati contrari agli accordi di Dayton che nel 1995 portarono alla fine di tre anni di

14. McBride, James, *Russia's influence in the Balkans*, Cfr - Council on Foreign Relations, 21 novembre 2023.

guerra in Bosnia. Insomma, Putin tenta in ogni modo di evitare che il Mar Adriatico diventi un grande lago europeo.

REPRESSIONE DEL DISSENSO A MOSCA

A un mese dalla plebiscitaria rielezione del presidente Putin nel gennaio del 2024, la morte dell'irriducibile oppositore Aleksej Navalny in una remota colonia penale artica svela al mondo intero come lo zar del Cremlino abbia in realtà i piedi d'argilla, ovvero teme il dissenso interno come già avveniva per i leader dell'Urss.

Se infatti la prigionia di Navalny in Siberia, destinata a durare trent'anni, testimoniava per i russi l'impossibilità di sfidare Putin, così come avveniva per la deportazione dei dissidenti nei gulag ai tempi dell'Urss, la sua morte improvvisa solleva il dubbio che lo zar avesse in effetti paura di lui. Che il presidente ne abbia ordinato materialmente l'uccisione o meno, il responsabile di questa morte è infatti il leader del Cremlino perché è stata sua la decisione di deportarlo in una delle prigioni più gelide del pianeta al fine di isolarlo dai russi, fiaccarne la resistenza fisica e morale, e trasformarlo nel simbolo dell'intoccabilità del suo potere.

Da quando Navalny viene aggredito dagli agenti del Cremlino con il veleno Novichok su un aereo russo, nell'agosto 2020, è diventato chiaro al mondo intero che Putin lo considera una seria minaccia.[15] Il motivo è l'identità di Navalny: un cittadino come tanti altri ma impegnato a documentare e denunciare con ogni mezzo – dai droni ai social network – sprechi, corruzione e frodi

15. *Alexei Navalny: Two hours that saved Russian opposition leader's life*, Bbc, 4 settembre 2020.

di Putin e della sua cerchia di potere. Un quarantenne nazionalista che amava il suo Paese e accusava il presidente di sfruttarlo per diventare più ricco e potente a scapito di milioni di altri connazionali. Navalny era portatore di un messaggio potente e rivoluzionario perché veniva dal basso, dal cuore della Grande Madre Russia, imputando a Putin di averla tradita a proprio uso e consumo come, prima di lui, avevano fatto i Romanov, Stalin e altri leader sovietici.

Da qui la volontà di Putin di piegarne la resistenza, come anche la scelta di Navalny di sfidarle il potere a viso aperto, scegliendo di tornare in Russia – dopo essere stato salvato in Germania dall'avvelenamento – per dimostrare ai russi di non avere paura. Davanti a Putin, che regna da ventiquattro anni con la repressione, Navalny era un russo comune che non aveva timore.

E ciò è stato vero fino all'ultimo perché, pur dall'isolamento siberiano, Navalny era riuscito a far conoscere il suo sostegno per la campagna politica che punta al cuore del sistema di potere di Putin: costruita attorno alla militanza antiguerra da parte di uomini e donne, giovani e anziani, che da San Pietroburgo a Vladivostok semplicemente non vogliono morire per Kiev e rifiutano la scelta di aver precipitato la Russia in un conflitto infinito con l'unico obiettivo di resuscitare un impero sovietico per cui le nuove generazioni non hanno alcuna nostalgia. Da qui l'ipotesi che forse non sia stato un caso la coincidenza fra la decisione di Mosca di impedire – l'8 febbraio 2024 – la candidatura presidenziale di Boris Nadeždin, schierato apertamente su posizioni antiguerra, e la morte di Navalny avvenuta solo otto giorni dopo. Se Nadeždin era lo sconosciuto per il quale migliaia di russi si mettevano in fila a dispetto di gelo e neve per sostenere la sua opposizione al conflitto in Ucraina, Navalny era l'avversario più conosciuto, determinato a trasformare la stessa opposizione in un movimento di popolo con cui, in qualche maniera, Putin avrebbe dovuto fare i conti. Per un presidente russo alla ricerca di una rielezione capace di trasmettere in ogni angolo del mondo l'immagine della sua invincibilità, lo scenario di un Paese palcoscenico del rifiuto della guerra da lui voluta era l'incubo da allontanare in ogni modo. E a ogni prezzo.

Ma con Nadeždin squalificato e Navalny eliminato, il potere di Putin anziché apparire più forte, destinato a superare ogni orizzonte di tempo, si mostra invece in tutta la sua vulnerabilità. Riproponendo la debolezza che distingue ogni dittatura: se Xi Jinping ha avuto paura della «rivolta degli ombrelli» a Hong Kong, se gli ayatollah di Teheran perseguitano le donne che si tolgono il chador, se i talebani afghani impediscono alle ragazze di studiare, se Bashar Assad ha usato i gas contro i civili di Damasco e se Kim Jong-un obbliga i nordcoreani a osannarlo è perché sotto qualsiasi latitudine la minaccia più temibile per il dispotismo viene dalla incontenibile volontà dei cittadini di essere liberi e non sottomessi. Una volontà che Navalny ha incarnato per i russi e che ora continuerà a inseguire Putin.

II.

EUROPA OCCIDENTALE

MISSIONE SCOMPIGLIO

Con il messaggio di Dmitrij Medvedev a favore delle «forze politiche europee antisistema» la Federazione Russa è entrata nella campagna elettorale per il Parlamento Ue del 2024 con il dichiarato intento di trasformare il voto in una sconfitta dei «partiti tradizionali» e del «globalismo liberale». Medvedev è l'ex presidente e l'ex premier russo, fedele alleato politico di Vladimir Putin, che dall'inizio dell'aggressione militare all'Ucraina ha spesso incitato il Cremlino ad assumere posizioni ancora più dure nei confronti dell'Europa e più in generale dell'Occidente. Se il testo che a febbraio 2024 Medvedev ha affidato a Internet non è formalmente riconducibile al governo russo, riflette tuttavia le intenzioni che circolano fra gli stretti collaboratori del presidente Putin.[1]

È un documento che è giusto conoscere perché la storia insegna che le autocrazie fanno ciò che dicono e dunque le loro parole non devono essere sottovalutate. Il messaggio di Medvedev è un appello a votare l'«opposizione antisistema»: «Sia a sinistra che a destra», l'ex premier vede «una nuova strada per lo

1. Osborn, Andrew, *Russians told to mobilise to inflict «maximum harm» on West in response to sanctions*, Reuters, 13 giugno 2024.

sviluppo» che «si oppone al globalismo americano», che è presente «nei parlamenti nazionali e nel Parlamento europeo» ed è guidata da «nuovi politici» che comprendono «tutti i vizi del globalismo liberale e dell'ordine mondiale incentrato sugli Stati Uniti». Da qui l'impegno e l'appello di Medvedev a «sostenere in ogni modo», «segretamente e apertamente», questi «politici e partiti» perché «si trasformeranno da oppositori antisistema in una nuova parte dell'establishment politico». Parole inequivocabili da parte dell'unico leader russo con cui Putin ha accettato di coabitare, parole che giustificano la preoccupazione per il rischio di «interferenze russe» nella campagna elettorale europea, parole che hanno spinto il Parlamento di Strasburgo a adottare in febbraio una risoluzione per esprimere, nero su bianco, «grave preoccupazione per i continui tentativi della Russia di indebolire e distruggere la democrazia europea».

Dalla creazione dell'Unione con il trattato di Roma del 1957 è la prima volta che la campagna per le elezioni europee vede Mosca protagonista diretta, interessata e impegnata a far vincere le «forze antisistema» avversarie dell'Occidente. Per comprendere di chi si tratta basta leggere il testo approvato dal Parlamento europeo, perché le enumera con chiarezza: le forze di estrema destra in Germania e Francia impegnate a rovesciare il sostegno popolare per l'Ucraina; i movimenti secessionisti in più regioni Ue, come la Catalogna in Spagna; il Fronte nazionale in Francia, gli austriaci del Fpö e la Lega in Italia accusati di aver ricevuto facilitazioni finanziarie e commerciali. Ma non è tutto, perché lo stesso Parlamento europeo vede un'escalation nel sempre più evidente ruolo del Fsb, l'ex Kgb: dall'interferenza nelle elezioni slovacche di settembre 2024, quando si tentò di delegittimare il risultato delle urne, ai legami scoperti in Germania con un affiliato all'estrema destra dell'Afd fino alle più recenti rivelazioni sul presunto reclutamento dell'eurodeputata lettone Tatjana Ždanoka. Il timore, insomma, è che dopo le «interferenze maligne» attraverso campagne sui social network, più volte denunciate da Ue e Nato dopo il 2016, Mosca sia ora protagonista di azioni assai più strutturate, mirate a far prevalere le «forze antisistema» per far implodere le democrazie europee dal di dentro. Con l'obiettivo strategico di far venir meno il sostegno all'Ucraina e dunque riuscire a imporsi nella guerra che Putin ha iniziato unilateralmente nel febbraio 2022.

Non a caso la vicepresidente ceca della Commissione europea, Věra Jourová, descrive il rischio di una Russia impegnata in una «campagna multimilionaria per diffondere disinformazione sulle piattaforme digitali» al fine di «avvelenare il nostro mondo dell'informazione» con l'obiettivo di «far leva su bugie e mezze verità per avvalorare la falsità che la democrazia non è migliore dell'autocrazia». La denuncia di Jourová si basa sul fatto che la documentazione sulle interferenze russe aumenta a vista d'occhio: fra gennaio e aprile del 2023 YouTube ha oscurato almeno 400 canali tesi a diffondere propaganda russa, Google ha chiuso circa 100 siti per lo stesso motivo e perfino TikTok – la cui tecnologia è cinese – ha bandito 211 video perché portatori di disinformazione.[2]

Tutto questo evidenzia che la guerra ibrida di Putin alle democrazie è in pieno svolgimento: Mosca sente di avere il vento a favore, ritiene possibili le affermazioni elettorali di forze antisistema nei Paesi Ue – che siano di destra o sinistra poco importa – e tutto ciò è parte integrante della decisione strategica del

2. Abboud, Leila – Foy, Henry – Erizanu, Paula, *Europe battles «avalanche of disinformation» from Russia*, «Financial Times», 21 marzo 2024.

Cremlino di aggredire l'Ucraina per riuscire a ridefinire a proprio vantaggio l'architettura di sicurezza sul Vecchio continente, ridimensionando Nato e Ue. È uno scenario che deve far riflettere anche in Italia, dove il fattore-Russia è troppo spesso ignorato nella narrativa delle forze politiche. E dove i maggiori leader politici – dalla premier Giorgia Meloni alla segretaria del Pd Elly Schlein – hanno all'interno dei rispettivi schieramenti voci favorevoli a indebolire il sostegno militare ed economico all'Ucraina, illuse di poter così mietere sostegni nelle ali più estreme dell'elettorato, contagiate da sovranismo e populismo. Cedere a tali sirene sarebbe l'errore più grave perché la sfida su Kiev diventa ogni giorno più centrale nel braccio di ferro fra le democrazie e Mosca che ha in palio la sicurezza dell'Europa intera.

D'altra parte, è la morte di Aleksej Navalny che mette in risalto l'esistenza di una questione russa nel cuore dell'Occidente e dunque dell'Europa: su un fronte ci sono i governi alleati che parlano, con accenti diversi, di responsabilità politica di Vladimir Putin, mentre sull'altro leader e partiti sovranisti preferiscono evitare di chiamare in causa il Cremlino oppure restare in un comodo e assordante silenzio. Washington è la capitale dove tale divaricazione è più lampante perché a fronte del presidente Joe Biden, che parla esplicitamente di «responsabilità di Putin», c'è il suo predecessore Donald Trump che reagisce alla morte di Navalny con un comunicato nel quale non lo nomina e non parla neanche di quanto avvenuto, sottolineando solo che «io sono l'unico che può portare pace, prosperità e stabilità». Ovvero, Trump coglie la morte di Navalny come un'occasione per ribadire agli elettori che quanto di male avviene ovunque è colpa di Biden, mentre con lui alla Casa Bianca il mondo diventerebbe un posto assai migliore.

EUROPA OCCIDENTALE
IL FRONTE DELLE INGERENZE RUSSE

Le ingerenze russe in Europa occidentale fotografano l'estensione di un'offensiva ibrida per indebolire dal di dentro le democrazie europee sostenendo gli attori politico-sociali e movimenti antisistema, capaci di mettere in crisi il funzionamento delle istituzioni e soprattutto di far implodere Ue e Nato. È una campagna che ha colto nel 2016 il primo importante successo, con la Brexit britannica, e continua con il sostegno a partiti di estrema destra e sinistra diversi in tutto tranne che nell'ostilità nei confronti della democrazia rappresentativa, nel fascino per l'uomo forte e nella contrarietà agli aiuti militari per l'Ucraina. Nei Balcani il partner di ferro è la Serbia, come in Europa è l'Ungheria. Una rete così estesa di operazioni di influenza lascia intendere quali entità di risorse Mosca dedichi alla guerra d'attrito condotta con metodologie ibride: dai social network ai club sportivi fino ai partiti politici. È la prima volta che una guerra d'attrito viene condotta con tattiche ibride – che sommano più dimensioni – ma è proprio questa caratteristica che più mette in difficoltà i Paesi europei.

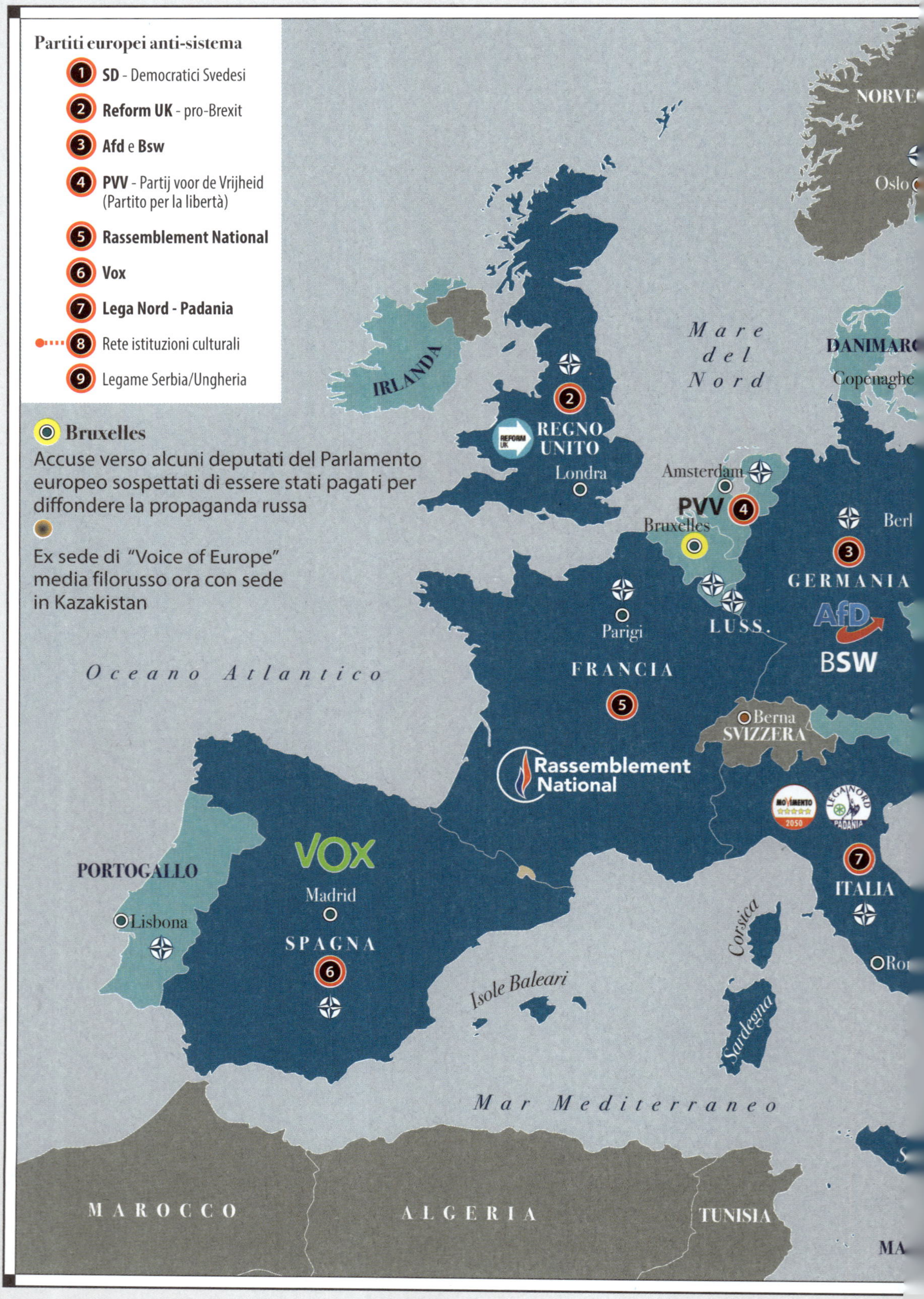
Partiti europei anti-sistema
1 SD - Democratici Svedesi
2 Reform UK - pro-Brexit
3 Afd e Bsw
4 PVV - Partij voor de Vrijheid (Partito per la libertà)
5 Rassemblement National
6 Vox
7 Lega Nord - Padania
8 Rete istituzioni culturali
9 Legame Serbia/Ungheria
Bruxelles
Accuse verso alcuni deputati del Parlamento europeo sospettati di essere stati pagati per diffondere la propaganda russa
Ex sede di "Voice of Europe" media filorusso ora con sede in Kazakistan
NORVE
Oslo
Mare del Nord
DANIMARC
Copenaghe
IRLANDA
REGNO UNITO
Londra
Amsterdam
PVV
Bruxelles
Berl
GERMANIA
AfD
BSW
Parigi
LUSS.
FRANCIA
Oceano Atlantico
Berna
SVIZZERA
Rassemblement National
VOX
PORTOGALLO
Madrid
Lisbona
SPAGNA
ITALIA
Corsica
Isole Baleari
Sardegna
Mar Mediterraneo
MAROCCO
ALGERIA
TUNISIA
MA

Europa
Paesi dell'Unione Europea
Paesi della Nato europea
Paesi teatro di ingerenze russe
Paese politicamente filorusso
Bosnia-Erzegovina
Repubblica di Srpska
Presenza di un'unità di Gendarmeria. Corpi di polizia militare addestrata ed equipaggiata dalla Serbia
Paesi candidati ufficiali per l'ingresso nell'Unione Europea
Territori filorussi
EZIA
1
SD
Stoccolma
FINLANDIA
Helsinki
Tallinn
ESTONIA
FEDERAZIONE RUSSA
Mosca
Riga
LETTONIA
LITUANIA
Mar Baltico
Kaliningrad
Vilnius
Minsk
BIELORUSSIA
POLONIA
Varsavia
Kiev
UCRAINA
Territori ucraini occupati dalla Russia
CECA
SLOVACCHIA
Bratislava
9
Budapest
UNGHERIA
MOLDOVA
Transnistria
Crimea
ROMANIA
Caucaso
Ossezia del Sud
OAZIA
8
BOSNIA ERZ.
Sarajevo
SERBIA
Bucarest
Abkhazia
GEORGIA
Mar Nero
MONT.
KOS.
Sofia
BULGARIA
M. D. N.
ALB.
TURCHIA
GRECIA
Atene
Creta
CIPRO
SIRIA

In Europa, lo scenario non è troppo differente perché mentre i governi Ue condannano senza remore Putin per la morte nel gulag artico del maggiore oppositore del Cremlino, i partiti di estrema destra più vicini a Mosca – dal Fronte nazionale di Marine Le Pen in Francia all'estrema destra tedesca dell'Afd – preferiscono il silenzio, con l'eccezione della Lega che, attraverso il vicesegretario Andrea Crippa, suggerisce di «non additare responsabili finché non ci saranno prove oggettive» sulla «sconcertante» scomparsa di Navalny. Sono posizioni che non sorprendono troppo se ricordiamo che proprio Navalny, nel 2022, aveva pubblicamente accusato Le Pen di essere «strettamente legata alla Russia» e che l'Afd si era recata a Mosca nel dicembre 2020 – proprio durante la crisi russo-tedesca seguita al tentato avvelenamento dell'oppositore – per dirsi contraria a qualsiasi tipo di sanzioni contro il Cremlino a causa del caso Navalny.

Ci troviamo davanti a uno scenario che avvalora quanto affermato da Dmitrij Medvedev sull'esistenza di «forze antisistema nei parlamenti nazionali e nel Parlamento europeo» che Mosca «deve sostenere» perché porteranno alla fine del «globalismo liberale». Non è difficile dunque immaginare che il Cremlino consideri un importante risultato politico l'estrema prudenza dei sovranisti americani ed europei davanti al decesso di Navalny. Se Putin ha voluto eliminarlo per spaventare chiunque osi sfidarlo in Russia – proprio come farà in seguito con il capo della Wagner, Evgenij Prigožin, autore di un tentato colpo di mano nel 2023 – ora può prendere atto dell'esistenza, in America come in Europa, di un fronte sovranista che non si scompone troppo per la disinvoltura con cui ricorre alla violenza: che sia contro l'Ucraina o contro gli oppositori poco importa.

OPERAZIONI SEGRETE

Le rivelazioni tedesche sul fallito tentativo russo di assassinare il ceo della maggiore fabbrica di Berlino che produce armamenti per Kiev e le dichiarazioni del direttore nazionale dell'intelligence Usa sul sostegno iraniano alle proteste anti-Israele in America descrivono i contorni della guerra segreta che Mosca e i suoi alleati stanno conducendo sui territori del loro avversario: i Paesi democratici. Il piano russo che in Germania puntava a eliminare Armin Papperger, amministratore delegato di Rheinmetall, era in fase molto avanzata e solo l'intervento di più servizi di intelligence Nato lo ha scongiurato. Dall'inizio dell'invasione russa dell'Ucraina, il 24 febbraio 2022, Rheinmetall è uno dei maggiori fornitori di armamenti per Kiev. Organizzare un piano per uccidere Papperger significa, da parte di Mosca, aver scelto di affiancare alla guerra sul campo un secondo fronte di operazioni armate, sul territorio dei Paesi occidentali che sostengono l'Ucraina.[3] Ecco perché la ministra degli Esteri tedesca, Annalena Baerbock, durante i lavori del summit della Nato a Washington, in riferimento ai tentativi russi di sabotaggio delle infrastrutture Ue, ha tenuto a dire: «Noi europei dobbiamo proteggerci al meglio, non possiamo essere ingenui».[4]

Dietro queste parole ci sono gli altri tasselli della guerra segreta di Mosca in Europa: incendi dolosi in depositi di armi destinate a Kiev, telecamere nascoste per spiare come si addestrano i soldati ucraini, atti di vandalismo e anche i più banali graffiti antiguerra.

3. *Russia tried to assassinate ceo of german arms firm sending weapons to Ukraine, reports say*, Reuters, 12 luglio 2024.

4. *German Fm: We must «stay united in our common goal of defending our democracy»*, Cnn, 10 luglio 2024.

La campagna di sabotaggi russi sui territori della Nato si articola in una miriade di micro azioni, è ibrida perché prevede più modalità e ha un obiettivo prioritario: indebolire, con effetti immediati e concreti, le linee di rifornimento verso Kiev. Si tratta dunque di un campo di battaglia complementare al conflitto ucraino.

Dalla fine della Guerra fredda nel 1991 è la prima volta che i Paesi alleati si sentono minacciati sui propri territori da attività della Russia, condotte con l'uso simultaneo di spie, infiltrati, fondi per corrompere e social network per inquinare l'informazione. Pianificando azioni molto differenziate ma convergenti nell'intento di colpire i luoghi di produzione delle armi, i depositi di aiuti e le linee di trasporto che raggiungono Kiev. Mosca respinge con sdegno tali accuse, definendole del tutto infondate. Ma le indagini della giustizia in più Paesi tolgono ogni dubbio su quanto sta avvenendo. Ad esempio, vi sono gli arresti in Polonia di quattordici ucraini e due bielorussi. La vicenda inizia nel marzo 2023 quando un cittadino ucraino viene reclutato da un agente russo attraverso Telegram con un'offerta una cifra minima – circa 7 euro – per imbrattare le mura di più città polacche con scritte contro la guerra in Ucraina. Con l'andare del tempo l'agente russo che lo gestisce – pur non incontrandolo mai – gli recapita richieste sempre più sofisticate, come ad esempio posizionare telecamere nascoste lungo i binari percorsi dai convogli che portano aiuti in Ucraina, nei pressi della frontiera polacca. L'agente russo va oltre, spinge il collaboratore a effettuare veri e propri sabotaggi dentro aziende polacche dove si producono aiuti per Kiev. E quando il collaboratore viene infine arrestato, il risultato è la scoperta del più esteso network di spionaggio russo in Polonia degli ultimi anni. Un altro collaboratore, questa volta polacco, viene arrestato nell'aprile 2024, per possesso di munizioni nei pressi di un aeroporto usato dalla Nato per spostare armi verso Kiev. Le indagini portano a ipotizzare anche il suo coinvolgimento in un tentativo di colpire il presidente ucraino Zelensky. E, come se non bastasse, nel giugno scorso l'incendio in una fabbrica di metalli poco fuori Berlino porta alla cattura e all'arresto di un cittadino russo-ucraino, mentre le autorità britanniche arrestano due uomini accusati di lavorare per i servizi di informazione russi intenti a dare fuoco a un magazzino di aiuti per l'Ucraina nella zona di East London. In Estonia invece sono ben dieci i sospetti agenti arrestati nel febbraio 2024, destando forte preoccupazione a Tallinn per un motivo assai semplice: in questo Paese baltico vivono 1,3 milioni di russofoni. Le autorità estoni registrano, sempre più spesso, l'uso di interferenze elettroniche per impedire l'atterraggio di aerei civili, nonché il sabotaggio di strutture portuali e aeroportuali.[5] Le attività di sabotaggio della Russia all'interno del territorio europeo sono oramai tali e tante da disegnare un unico scenario di operazioni diventato uno dei maggiori fronti di allarme per l'Ue, dal Mar Baltico alle coste del Mediterraneo.

Ma non è tutto: uno dei maggiori alleati della Russia è l'Iran degli ayatollah – ad esempio, fornisce a Mosca molti dei droni adoperati per bersagliare l'Ucraina – e Avril Haines, direttrice dell'intelligence nazionale Usa, in una testimonianza consegnata al Congresso di Washington, afferma che Teheran «è sempre più aggressiva con le sue interferenze in Paesi stranieri» e «sta tentando di trarre vantaggio dalle proteste sulla guerra a Gaza». «Abbiamo osservato» afferma Haines «che attori legati al governo iraniano, presentandosi come attivisti online, tentano di

5. Gramer, Robbie – Mackinnon, Amy, *Russia ramps up sabotage operations in Europe*, «Foreign Policy», 13 giugno 2024.

incoraggiare le proteste e anche di garantire sostegno finanziario.» Si tratta di un testo scritto che integra quanto la stessa Haines, nel maggio 2024, aveva detto al Congresso sui «tentativi di Russia, Cina e Iran di influenzare le elezioni americane» perché Teheran «vuole favorire la discordia e minare la fiducia nelle nostre istituzioni democratiche».[6] È un linguaggio che ricorda da vicino quello adoperato nei rapporti del Parlamento di Strasburgo sul rischio di interferenze nocive da parte delle autocrazie in occasione delle recenti elezioni europee. Ciò ci aiuta a comprendere l'estensione della guerra segreta che, dal veleno sui social network ai piani di eliminazione fisica, Mosca e i suoi alleati stanno conducendo dentro i confini dei nostri Paesi.

OMBRE RUSSE SULLE OLIMPIADI

Il sabotaggio dell'Alta velocità francese in coincidenza con l'inizio delle Olimpiadi di Parigi 2024 ha fatto temere all'Europa di essere di fronte a un'azione ostile di guerra ibrida da parte di attori stranieri. Il fatto di trovarci davanti al più serio attacco finora avvenuto contro un'infrastruttura civile di una nazione dell'Unione Europea ha innescato fitte consultazioni fra i partner che coinvolgono anche gli alleati della Nato.

L'assenza di prove a carico di individui o gruppi specifici e la mancanza di rivendicazioni stridono con un'operazione che somma due caratteristiche: la dinamica rudimentale dell'attacco, con

6. Morris-Grant, Brianna, *Iranian, russian and chinese hackers are targeting the upcoming Us election at an ever increasing pace*, Abc - Australian Broadcasting Corporation, 23 agosto 2024.

l'uso del fuoco per bruciare i cavi dell'Alta velocità, e l'estrema sofisticazione del piano, dato che chi lo ha ordito ha dimostrato di conoscere a menadito la rete ferroviaria transalpina, incluso il preciso posizionamento sul territorio dei suoi quattro snodi strategici. Se a ciò aggiungiamo che le azioni di sabotaggio sono avvenute in un arco di tempo assai breve, di notte, e a poche ore dall'apertura dei Giochi di Parigi non è difficile arrivare alla conclusione che ci troviamo davanti a una sfida ben pianificata alla sicurezza della Francia e, dunque, dell'intera Unione Europea.

Nei giorni immediatamente precedenti ai Giochi, la Francia e i Paesi partner e alleati, in più riunioni sul tema della sicurezza, avevano preso in esame il rischio di cyberattacchi – fino al punto da temere che il collasso digitale innescato da un bug di Microsoft avvenuto nelle settimane precedenti potesse esserne il risultato – ma quanto avvenuto contro l'Alta velocità ha evidenziato l'esistenza di un nuovo fronte di rischi: i boicottaggi fisici, con il fuoco, messi a segno da persone che si muovono liberamente sul territorio dell'Ue.

E la pista degli incendi porta verso Mosca per il semplice fatto che recenti sabotaggi di simili caratteristiche sono avvenuti nei Paesi baltici, in Germania e in Gran Bretagna. Al punto che, durante una riunione della Nato a Bruxelles, uno dei ministri presenti ha parlato senza mezzi termini di «sabotaggi fisici organizzati, finanziati e realizzati da elementi legati alla Russia».

A portare verso Mosca sono anche altri gravi episodi avvenuti in Francia. L'arresto, per esempio, di uno chef a Parigi, legato all'intelligence russa, sospettato di voler realizzare «un piano di destabilizzazione su larga scala» in occasione dei Giochi. Il fermo di un russo-ucraino, legato all'Fsb, intento a confezionare un ordigno esplosivo nella sua stanza nei pressi dell'aeroporto

De Gaulle.[7] Le indagini francesi hanno portato a indicare nei servizi russi i mandanti dei graffiti contro il Mémorial de la Shoah di Parigi[8] senza dimenticare una precedente azione da parte di due moldavi che hanno imbrattato con duecentocinquanta stelle di David rosse le strade della capitale.[9] Da qui le parole dell'ex segretario generale della Nato, Jens Stoltenberg, che ha puntato l'indice contro Mosca affermando: «Abbiamo visto di recente più arresti nei Paesi alleati di persone accusate di sabotaggi o incendi che sono ora al centro di indagini legali, posso dire che stiamo registrando un aumento delle attività di intelligence russe sul territorio della Nato e dunque abbiamo aumentato la nostra vigilanza».[10]

Le ombre russe sui Giochi di Parigi 2024 includono anche le affermazioni di Israel Katz, il ministro degli Esteri israeliano, che avvertì Parigi sul rischio di azioni iraniane contro gli atleti dello Stato ebraico, inclusa un'operazione cyber che diffonde in rete dettagli sulle loro vite private. Teheran, infatti, è alleata di Mosca nella guerra in Ucraina, come dimostrano le ingenti e continue forniture iraniane di droni-killer alle truppe russe.[11]

Sul perché Mosca possa aver avuto interesse a umiliare Macron nel bel mezzo dei Giochi olimpici possono esserci pochi dubbi: l'Eliseo guida il fronte dei Paesi dell'Ue favorevoli ad armare

7. Follorou, Jacques, *Man arrested with explosives near Paris airport was part of vast russian sabotage campaign*, «Le Monde», 27 giugno 2024.

8. Seelow, Soren – Leloup, Damien, *Red hands at Paris Shoah Memorial: investigation points to foreign interference*, «Le Monde», 22 maggio 2024.

9. Schofield, Hugh, *Star of David graffiti in Paris - the russian connection*, Bbc, 8 novembre 2023.

10. *Nato members to crack down on russian spies in response to sabotage, says Stoltenberg*, Reuters, 13 giugno 2024.

11. Benjakob, Omer, *Israel charges iran with leaked details of israeli olympic team*, «Haaretz», 25 luglio 2024.

l'Ucraina, si è detto disposto a inviare a Kiev i propri Mirage 2000 come anche possibili istruttori militari, ed è riuscito a scongiurare la vittoria nelle elezioni politiche della destra di Le Pen, ricevendo da un irritato ministro degli Esteri Sergej Lavrov l'accusa di aver «manipolato la volontà degli elettori» grazie a decisioni «che non assomigliano a quelle di una democrazia».[12]

Ce n'è abbastanza per comprendere perché, in attesa di conoscere gli sviluppi delle indagini francesi sul sabotaggio contro l'Alta velocità, l'Unione Europea è attraversata dalla forte preoccupazione di essere diventata un obiettivo della guerra ibrida lanciata da Vladimir Putin.

MANOVRE MILITARI FRA LE AUTOCRAZIE

Fra le più significative novità sul fronte tattico c'è lo svolgimento di manovre militari congiunte fra i Paesi protagonisti del fronte anti-Occidente: Russia, Cina, Bielorussia, Iran e Nord Corea. Se in passato avvenivano in maniera sporadica ora invece sono frequenti, a geometria variabile e localizzati in più scenari geostrategici. Il fine è far sapere alle democrazie, e anzitutto alla Nato, che c'è un'attiva compagine capace di operare congiuntamente, per affermare interessi comuni e dimostrare l'interoperabilità militare.

Nella città bielorussa di Brest, poco lontano dal confine con Ucraina e Polonia, contingenti di truppe scelte di Minsk e Pechino si addestrano assieme.[13] L'esercitazione, avvenuta

12. Starevic, Seb, *Kremlin mopes over french election results*, «Politico», 8 luglio 2024.

13. Choi, Seong Heyeon, *Chinese military in Belarus for joint «anti-terrorist training» near Poland, Ukraine*, «South China Morning Post», 8 luglio 2024.

nel luglio 2024, denominata Eagle Assault, dura undici giorni, coincide con l'inizio del summit della Nato a Washington e vede il presidente Lukašenko inaugurare le operazioni con un secco linguaggio contro l'Alleanza: «Risponderemo duramente a ogni tentativo di violare i nostri confini».[14] Come dire: non osate avvicinarvi. Le manovre con i cinesi includono assalti aerei, attraversamento di fiumi, salvataggio di ostaggi, operazioni antiterrorismo e combattimenti in zone residenziali. È la prima volta che Pechino invia le sue truppe speciali a addestrarsi nel cuore dell'Europa e la scelta di diffondere le immagini, con tanto di alzabandiera del drappo nazionale, serve a far sapere alla Nato che la Bielorussia è diventata una base operativa da cui l'Esercito popolare può agire con grande libertà. Se la Russia nel febbraio 2022 ha usato la Bielorussia come territorio di transito per invadere l'Ucraina, ora la Cina vi trova una piattaforma a pochi chilometri di distanza dalla Polonia, creando più opzioni tattiche destinate a preoccupare l'Alleanza. È uno scenario che si consuma sullo sfondo degli accordi dell'Organizzazione per la cooperazione di Shanghai, creata nel 2001 da Cina e Russia per condividere le emergenze strategiche in Asia centrale, a cui la Bielorussia aderisce e che prevede anche la possibilità di manovre congiunte. È la profondità strategica dell'Eurasia che arriva nel cuore dell'Europa. Come spiegano i portavoce di Pechino, «l'esigenza è rafforzare il coordinamento operativo fra le truppe dei nostri Paesi», mentre Pavel Slunkin, diplomatico di Minsk, aggiunge: «Mai prima avevamo ospitato così tanti contingenti cinesi e lo schema segue quanto

14. Karmanau, Yuras, *Belarus and China join forces in a military drill near the polish border*, Associated Press, 9 luglio 2024.

fatto in precedenza con quelli russi».[15] Nelle stesse settimane, Pyongyang fa sapere di aver inviato proprie unità di truppe speciali nella Federazione Russa per svolgere imprecisate «manovre congiunte» sulla base dell'accordo di «mutua difesa» siglato da Putin e Kim Jong-un. In questo caso il riserbo sulla loro dislocazione è assoluto, ma fonti Nato a Bruxelles temono che possano essere impiegate, direttamente o meno, in attività che investono la guerra in Ucraina.[16]

Sul fronte navale invece la Russia sceglie le acque del Nord Pacifico per esercitazioni con la flotta di Pechino, al fine di dimostrare la capacità di «operare assieme per preservare pace e sicurezza» il più vicino possibile agli Stati Uniti. La cerimonia iniziale sino-russa, nella città di Zhanjiang, coincide con le accuse che Pechino rivolge alla Nato di «portare instabilità» nello scacchiere dell'Indo-Pacifico per il sempre più frequente invio di unità navali britanniche, francesi e americane negli stretti di Taiwan, con l'evidente intenzione di ostacolare le mire di Xi sull'isola. Ciò che colpisce delle manovre russo-cinesi nel Pacifico è che vedono tre unità spingersi fino a nord della penisola Amchitka, nelle Isole Aleutine che segnano la demarcazione con lo Stretto di Bering fra Nord America e Siberia. Ovvero, non troppo lontano dalle acque territoriali degli Stati Uniti. E anche qui la mossa è geopolitica: far arrivare a Washington un messaggio eloquente sulla sintonia delle mosse sino-russe nello scacchiere del Pacifico.[17] Nel Golfo di Oman invece le navi russe

15. Lau, Stuart, *China's army shows up on Nato's border*, «Politico», 9 luglio 2024.

16. McCartney, Micah, *China's army sharpens war fighting on Nato's doorstep*, «Newsweek», 9 luglio 2024.

17. *China, Russia start joint naval drills, days after Nato allies called Beijing a Ukraine war enabler*, Associated Press, 15 luglio 2024.

e cinesi sono al fianco di quelle della Repubblica Islamica dell'Iran in uno show di «cooperazione marittima e salvaguardia della stabilità» che nel marzo 2024 viene descritto da Pechino come un monito a Washington, presente in Medio Oriente con unità nel Mediterraneo e nel Golfo Persico per proteggere Israele dal rischio di attacchi di Teheran. Russi, cinesi e iraniani schierano fregate dotate di missili capaci anche di attività di attacco con piccole imbarcazioni. È la sesta esercitazione di questo tipo dal 2018 ma con il numero più alto di navi – un totale di almeno venti – a ridosso dello Stretto di Bab el-Mandeb, dove la guerriglia yemenita degli Houthi, sostenuta da Teheran, bersaglia il commercio internazionale in transito verso il Canale di Suez. Con due eccezioni: i cargo di proprietà cinese e russa. Come spiega l'ammiraglio iraniano Amrollah Nozari, «l'esercitazione congiunta si svolge su un'area di 17.000 chilometri quadrati e include alcuni dei più importanti stretti marittimi del pianeta» impiegando anche i droni Shahed, ovvero gli stessi che Teheran fornisce in gran numero a Mosca per combattere in Ucraina e anche a Hezbollah per bersagliare il territorio della Galilea nel Nord di Israele.[18] Tutto si tiene, in uno scenario tattico in costante movimento dove Mosca e Pechino operano con sempre maggiore agilità potendo contare su territori e forze militari di tre alleati importanti come Iran, Nord Corea e Bielorussia. È il fronte delle autocrazie che assomiglia sempre più a un'alleanza militare.

18. Lendon, Brad, *China, Russia and Iran put on show of force with mideast naval drills*, Cnn, 14 marzo 2024.

OBIETTIVO ITALIA

Nella grande guerra d'attrito in corso fra autocrazie e democrazie, l'Italia è uno teatri più contesi fra potenze rivali. Il motivo è anzitutto la geografia: trovandosi al centro del Mediterraneo è una piattaforma decisiva. Per la Nato le basi nella Penisola sono quelle indispensabili per monitorare ogni sorta di attività nella regione: dai movimenti delle navi russe alle operazioni sospette dei cargo cinesi e iraniani fino alle basi jihadiste nel Sahel o alle operazioni belliche in Medio Oriente. Sono le infrastrutture Nato che si articolano dalle basi italiane a raccogliere e gestire informazioni di alto valore strategico per la protezione del fianco Sud dell'Alleanza. Basti pensare che durante le fasi più calde della crisi libanese fra Israele ed Hezbollah sono stati droni americani decollati dalla base di Sigonella in Sicilia a percorrere in continuazione le coste del Medio Oriente per osservare gli eventi in corso. In maniera analoga il Comando Africa del Pentagono, con sede in Germania, dispone di infrastrutture strategiche nelle basi Nato in Italia, utili per monitorare quanto avviene in Maghreb, nel Sahel e nel Corno d'Africa con un'intensità di operazioni ulteriormente aumentata dopo la scelta del Niger di espellere le forze francesi e americane che ospitava per sostituirle con contingenti militari russi. E ancora: le basi navali dell'Alleanza atlantica e degli Usa in Italia dispongono in alcuni casi – da Napoli a Taranto – di porti con fondali talmente profondi da poter accogliere ogni tipo di imbarcazioni, destinate alle attività più differenti. Per non parlare della formazione di giovani funzionari e ufficiali: la Nato dispone sul territorio italiano di una rete di scuole e accademie che servono per creare la nuova generazione di esperti sul Mediterraneo. Infine, ma non per importanza, le armi nucleari americane posizionate sin dalla Guerra fredda nelle basi Usa nel Nord Italia sono parte integrante della deterrenza strategica dell'Alleanza nei confronti della Russia.

Su questa solida base, si aggiungono le caratteristiche più recenti del ruolo italiano nella sicurezza Nato e Ue, che negli ultimi anni hanno avuto importanza crescente. In primo luogo, le forniture militari all'Ucraina aggredita dalla Russia: si tratta di un flusso continuo di materiale – dai mezzi blindati all'artiglieria pesante fino alla produzione di munizioni e all'invio di una batteria antiaerea Samp/T realizzata con i francesi – che il governo ha scelto di garantire con il più stretto riserbo ma che continua ad avere un valore non indifferente per Kiev. Anche nell'Indo-Pacifico l'Italia è protagonista di un ruolo in crescita, testimoniato nell'estate del 2024 dall'invio nel Mar Cinese Meridionale della squadra navale della portaerei Cavour, che ha operato assieme alla Us Navy e alla Marina australiana per difendere la libertà di transito nelle acque internazionali a dispetto delle rivendicazioni territoriali cinesi nei confronti dei Paesi della regione, come le Filippine. Missioni analoghe, anche se con squadre navali più numerose, sono state realizzate da Gran Bretagna e Francia dando vita a una continuità di presenza di marine Nato nelle acque più contese del pianeta, d'intesa con Washington, per arginare le manovre cinesi.

Nulla da sorprendersi dunque se Russia e Cina sono impegnate in un costante tentativo di indebolire i legami dell'Italia con Ue e Nato. È un'operazione visibile a occhio nudo sui social network, dove «attori» russi e cinesi diffondono con frequenza contenuti e fake news in lingua italiana tesi a delegittimare Ue e Nato nonché le stesse istituzioni del nostro Paese. Ma oltre alla disinformazione digitale, sono le dichiarazioni pubbliche di alti esponenti russi, a cominciare da Dmitrij Medvedev, a favore delle «forze antisistema» che lasciano intendere l'esistenza di un'operazione di lungo termine per farsi spazio nel nostro Paese, puntando soprattutto sul tema dell'ostilità alla guerra e dell'avversione agli Stati Uniti che sin dai tempi dello schieramento degli euromissili – a metà degli anni Ottanta – è molto presente in più settori dell'opinione pubblica.

A ben vedere, nell'ambito della guerra d'attrito l'Italia è il Paese Nato maggiormente esposto a una delle offensive ibride più di lungo termine da parte dei rivali dell'Occidente e in particolare della Russia: quella che fa leva su disinformazione di ogni tipo per generare instabilità. La disinformazione da parte di «attori russi» nel nostro Paese si manifesta per la prima volta, in maniera aggressiva, in occasione della pandemia, nel 2020, quando il fronte no-vax si impone sui social con una campagna di fake news che contrappone un presunto soccorso medico di Russia e Cuba alla carenza di aiuti da parte dell'Ue, facendo leva sulle immagini di una missione di militari russi in Italia. E poi si intensifica nelle elezioni politiche del 2022 con dichiarazioni filorusse da parte di Matteo Salvini e Silvio Berlusconi, in entrambi i casi sulla guerra in Ucraina. L'offensiva sui social è costante, si intensifica durante le ultime elezioni europee e quando, nel marzo 2024, Putin suggerisce che l'Ucraina sia collegata all'attacco terroristico di Isis contro il Crocus City Hall, gli utenti italiani online vengono inondati da commenti che diffondono lo stesso messaggio. L'intensità e l'aggressività della campagna social sono tali da spingere il capo dello Stato, Sergio Mattarella, a sfruttare il viaggio in Moldavia nel giugno 2024 per affermare che «la disinformazione russa va affrontata da Ue e Nato», anche perché «in Italia c'è una tempesta di fake news ostili». «Atti di disinformazione in Italia ve ne sono, li registriamo e non sono da oggi. C'è una molteplicità di siti web, una diffusa tempesta di fake news e sono forme di ostilità inaccettabili. Mi auguro che siano stabilite regole di comportamento dalle istituzioni internazionali» spiega Mattarella con un linguaggio esplicito che riflette le preoccupazioni tanto del governo Meloni che del Copasir parlamentare per gli attacchi a colpi di fake news che investono anche le istituzioni e i loro più alti rappresentanti.[19] Un giudizio che, secondo un'indagine pubblicata del saggista Antonio Noto, viene confermato dal fatto che il 62 per cento degli italiani si è accorto di essere stato vittima di fake news, ovvero di aver creduto come vere notizie poi rilevatesi false e veicolate nel web, e il 55 per cento di essere incappato in un contenuto deep fake, grazie a video manipolati in cui, con l'aiuto dell'intelligenza artificiale, si camuffa la voce di un personaggio pubblico. E per il pubblico nazionale la prima mandante di questa offensiva è la Russia.[20]

Non stupisce dunque se quando il Parlamento europeo si trova a votare, il 17 settembre 2024, su una risoluzione in cui si invita a revocare immediatamente le restrizioni all'uso di «sistemi d'arma occidentali consegnati all'Ucraina contro obiettivi militari legittimi sul territorio russo» al fine di consentire a Kiev di «esercitare pienamente il suo diritto all'autodifesa», il risultato su questo «articolo 8» vede la maggioranza degli eurodeputati italiani votare contro con solo quattro eccezioni: Elisabetta Gualmini e Pina Picierno del Pd, Massimiliano Salini e Giuseppina Princi di Forza Italia. È un voto che fa emergere uno schieramento trasversale

19. *Mattarella: disinformazione russa va affrontata da Ue e Nato, in Italia tempesta fake news ostili*, «Il Sole 24 Ore», 18 giugno 2024.

20. Noto, Antonio, *Vittima di fake news il 62% degli italiani: «Colpa della Russia»*, «la Repubblica», 8 luglio 2024.

favorevole a Mosca nel Parlamento europeo del quale fanno parte la maggioranza degli eletti nel gruppo dei Conservatori e dei Patrioti – l'estrema destra –, l'estrema sinistra e un numero importante di componenti socialisti e popolari che include gli italiani. È la fotografia dell'Italia ostile all'invio delle armi all'Ucraina che conferma l'opinione di Mosca sul fatto che può essere il nostro Paese il tassello debole delle alleanze Ue e Nato. Perché, a dispetto delle posizioni ufficiali della premier Giorgia Meloni e della leader del Pd Elly Schlein, la realtà è che prevale nell'Italia politica lo scetticismo sulla guerra. Nulla da sorprendersi dunque se quando al Parlamento europeo si arriva alla votazione finale sull'intero documento – incluso l'articolo 8 – molte defezioni rientrano e il testo viene approvato.[21]

21. Cappellini, Stefano, *Tra pacifisti e filorussi, l'anomalia italiana del voto sulle armi di Kiev*, «la Repubblica», 21 settembre 2024.

III.

AFRICA

TOBRUK

L'esistenza di una base militare russa a Tobruk, in Libia, rischia di diventare un incubo strategico per l'Europa, cartina tornasole dell'indebolimento più generale della presenza dei Paesi occidentali in Africa. A metà del 2024 la Marina russa deposita sul molo di Tobruk, nel corso di circa novanta giorni, almeno cinque spedizioni di armi, così come ha fatto sbarcare un numero di soldati valutato dai servizi di intelligence occidentali attorno alle 1800 unità, mercenari inclusi. Le spedizioni di armamenti includono lanciamissili multipli, trasporto truppe e mortai pesanti ovvero lasciano intendere la volontà di trasformare il porto di Tobruk in quello che un alto funzionario dell'Unione Europea definisce una «base operativa capace di avere grandi effetti destabilizzanti su tutta la regione del Mediterraneo centrale».[1] Per l'Unione Europea come per la Nato l'incubo è che possa diventare una seconda Tartus, ovvero l'importante base navale in Siria dove Mosca ha posizionato dal 2015 missili antiaerei a lungo raggio e armamenti antinave in grado di ipotecare il controllo

1. Kington, Tom, *Russia funneling weapons through libyan port, eying gateway to Africa*, «Defense News», 19 aprile 2024.

sull'intero Mediterraneo orientale. Secondo l'opinione espressa dall'ammiraglio italiano Luigi Binelli Mantelli, ex capo di Stato maggiore, un aumento della presenza navale e della capacità di intelligence russe non troppo lontano dalle nostre coste comporterebbe effetti strategici di lungo termine per il fronte Sud della Nato.[2] La presenza di una base navale e di un centro di comando e controllo russo praticamente davanti alle coste della Sicilia può consentire al generale libico Khalifa Haftar, il grande signore della Cirenaica, di rafforzare la sua posizione fino al punto da poter ambire a controllare l'intera Libia sfidando le milizie di Tripoli sostenute dalla Turchia di Erdoğan. Senza contare il fatto che dalle coste della Cirenaica ogni anno tentano di partire per l'Europa migranti in un numero compreso fra 100 e 200.000, e ciò significa che si tratta di un tratto di costa del Maghreb molto importante per gestire i flussi dai trafficanti di uomini dalla Libia precipitata nella guerra civile dopo la caduta di Muammar Gheddafi nel 2011 per effetto dell'intervento della Nato. La Turchia e l'Ue al momento sostengono il governo di Tripoli, legittimato dall'Onu, ma la Nato in quanto tale non dispiega truppe, mentre in Cirenaica Haftar gode del dichiarato sostegno, non solamente militare, anche dell'Egitto e degli Emirati Arabi Uniti, a cui si aggiunge la Russia. Secondo quanto afferma Jamie Shea, ex alto ufficiale della Nato ora docente di studi strategici alla University of Exeter in Gran Bretagna, Mosca ha scelto di creare a Tobruk una infrastruttura logistica capace di sostenere l'impegno di truppe e mercenari in questa zona del Maghreb per permettere all'Africa Corps, oggi gestito direttamente dal ministero della Difesa, di condurre operazioni in profondità nell'area

2. *Russia beefs up military presence in Libya, Africa*, Ports Europe, 15 maggio 2024.

AFRICA - L'OFFENSIVA RUSSA

Per Mosca il teatro strategico africano è parte integrante dello scacchiere europeo. Questa mappa evidenzia l'estensione geografica complessiva dei Paesi legati alla Russia e, in particolare, di quelli dove si trovano basi e contingenti militari degli Africa Corps. È un'area che attraversa il Sahel e descrive la strategia russa di insediarsi lì dove si possono controllare i flussi di migranti che si dirigono verso l'Europa del Sud. Mentre la penetrazione economica coincide con gli investimenti in un network di miniere d'oro, bauxite e diamanti. La strategia russa è di riuscire ad avere in Africa una presenza a tal punto capillare ed estesa da diventare una spina nel fianco della Nato, obbligandola a distogliere risorse dal teatro europeo. Neanche l'Urss è mai riuscita, durante la Guerra fredda, a essere presente in Africa in così tanti Paesi e in forme tanto differenti come oggi Putin riesce a fare.

Mar Mediterraneo
ALGERIA
Cirenaica
LIBIA
EGITTO
MALI
NIGER
CIAD
Lago Ciad
SUDAN
GUINEA-B.
GUINEA
B. FASO
NIGERIA
SIERRA LEONE
COSTA D'AVORIO
GHANA
CENTRAFRICA
SUD SUD
CAMERUN
GUINEA EQ.
SÃO TOMÉ E PRÍNCIPE
REP. DEL CONGO
REPUBBLICA DEMOCRATICA DEL CONGO
Oceano Atlantico
ANGOLA
ZAMBIA
ZIMBAB
NAMIBIA
BOTSWANA
SUDAFRICA

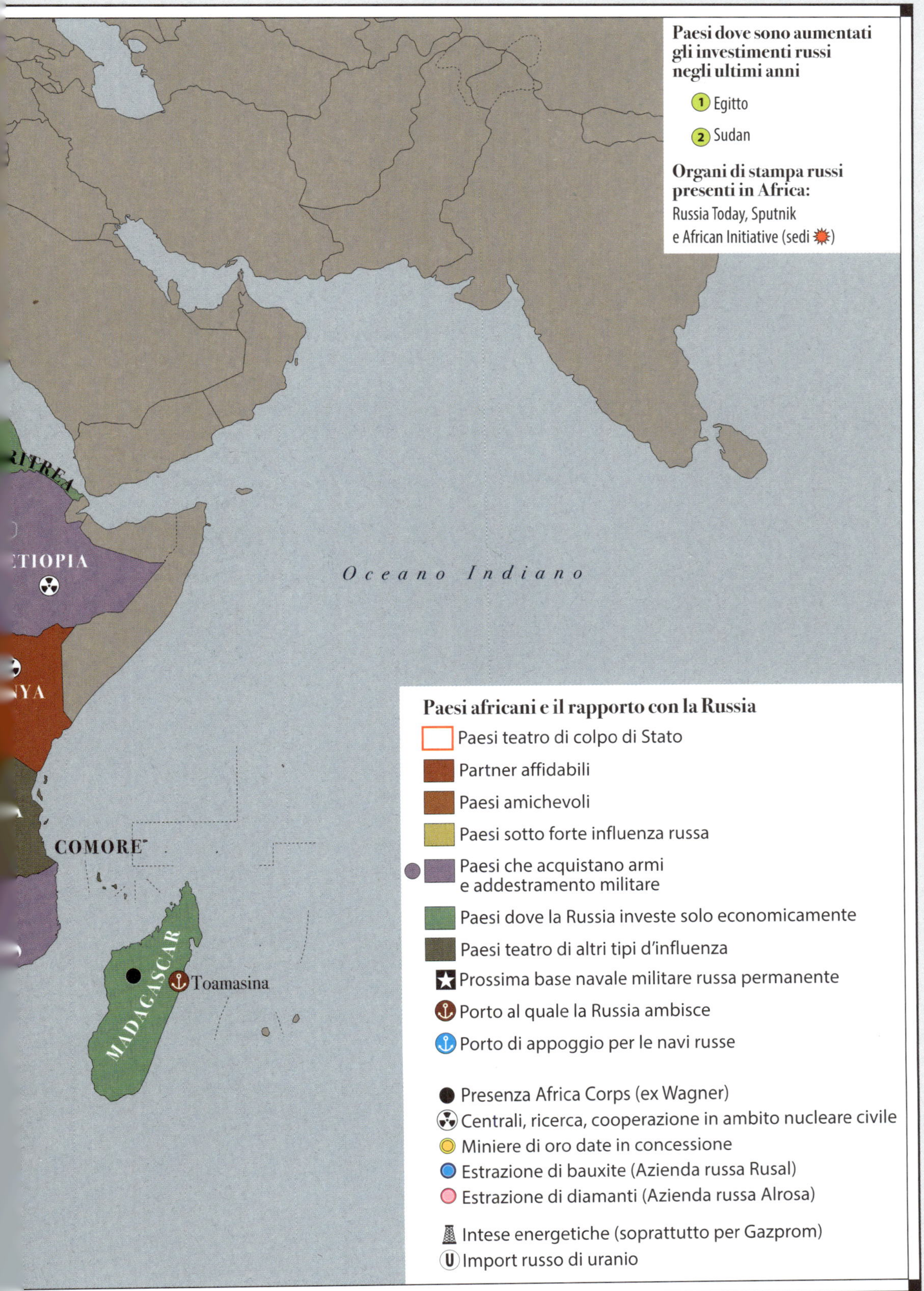
Paesi dove sono aumentati gli investimenti russi negli ultimi anni
1 Egitto
2 Sudan
Organi di stampa russi presenti in Africa:
Russia Today, Sputnik e African Initiative (sedi)
Oceano Indiano
COMORE
MADAGASCAR
Toamasina
Paesi africani e il rapporto con la Russia
Paesi teatro di colpo di Stato
Partner affidabili
Paesi amichevoli
Paesi sotto forte influenza russa
Paesi che acquistano armi e addestramento militare
Paesi dove la Russia investe solo economicamente
Paesi teatro di altri tipi d'influenza
Prossima base navale militare russa permanente
Porto al quale la Russia ambisce
Porto di appoggio per le navi russe
Presenza Africa Corps (ex Wagner)
Centrali, ricerca, cooperazione in ambito nucleare civile
Miniere di oro date in concessione
Estrazione di bauxite (Azienda russa Rusal)
Estrazione di diamanti (Azienda russa Alrosa)
Intese energetiche (soprattutto per Gazprom)
Import russo di uranio

del Sahel e in particolare in Ciad e Sudan. Si tratta di una regione che sfugge ancora al controllo diretto di Mosca dopo i successi ottenuti in Africa occidentale. Se Putin dovesse riuscire nell'impresa sarebbe in grado di raggiungere una continuità territoriale con Niger, Mali e Burkina Faso, creando un'area sotto la propria influenza che si estende da un capo all'altro del continente africano. Ciò significa puntare a guadagnarsi una posizione strategica capace di garantire al Cremlino impatto diretto su flussi di migranti, gruppi terroristici e risorse energetiche che coincidono con gli interessi di Ue e Nato. Si tratta del maggior grattacapo per la estone Kaja Kallas, Alto rappresentante per la politica estera di sicurezza dell'Ue, come per l'olandese Mark Rutte, segretario generale della Nato. Saranno i prossimi mesi a dire se a Tobruk – dopo le infrastrutture logistiche, l'arrivo dei militari e dei primi armamenti – la Russia posizionerà contingenti più significativi in grado di diventare un immediato pericolo per il fianco sud dell'Alleanza atlantica.

Bisogna comunque tener presente che l'ambizione russa di controllare porti con acque profonde sulle coste libiche è di vecchia data: Tobruk, Derna, Sirte e Ras Lanuf sono sin dalla Guerra fredda nell'agenda strategica del Cremlino. L'Unione Sovietica tentò senza successo di convincere Gheddafi a consentirgli un accesso diretto ma adesso potrebbe essere il generale Haftar ad assicurare a Putin questo importante risultato strategico, anche perché Mosca può già contare su almeno mille militari in Cirenaica, impegnati a garantire ad Haftar anche protezione antiaerea. Per avere un'idea del vantaggio tattico di Mosca nel gestire il porto di Tobruk bisogna tener presente che dista dalla Valletta, Malta, territorio dell'Ue, appena 214 miglia nautiche. Ciò significa che da Tobruk la Russia potrebbe controllare l'area attraverso la quale passano le spedizioni di greggio dal Medio Oriente verso l'Europa del Sud, senza contare la possibilità di operare con droni e intelligence simili a quelli usati in Crimea per spiare – e a volte anche attaccare – l'Ucraina. In questo orizzonte di rafforzamento russo bisogna includere l'accordo siglato con Karthum per la costruzione di un porto sul Mar Rosso – Port Sudan – dove sarebbe già presente un contingente di circa 300 militari russi grazie a un patto venticinquennale che può essere prorogato per dieci anni, in cambio del quale Mosca si è impegnata a fornire al Sudan ogni sorta di armamenti tradizionali. Ma ciò che più conta è che la Marina russa da Port Sudan potrà operare facilmente nel Mar Rosso, nell'Oceano Indiano e nelle acque della penisola arabica creando, assieme a Tobruk e Tartus, una propria zona di piena operatività marittima assai lontano dalle proprie coste. Se dunque Tartus resta ancora l'unico vero porto militare russo nel Mediterraneo, la realtà è che Mosca sta tentando di creare una propria regione marittima davanti al fronte Sud della Nato.[3]

AFRICA CORPS NEL SAHEL

La Russia punta sull'Africa per creare un molteplice fronte di pressione geopolitica contro gli Stati Uniti e i suoi alleati europei al fine di favorire la nascita di un ordine mondiale multipolare favorevole ai propri interessi strategici. La tattica individuata è ibrida, ovvero si basa sull'impiego di risorse diverse contemporaneamente: dall'uso disinvolto dei mercenari alla creazione di basi militari tradizionali, dalla disinformazione su ogni tipologia

3. Rettman, Andrew, *Russian military base in Libya alarms Eu*, Euobserver.com, 19 maggio 2024.

INTERESSI ECONOMICI RUSSI IN AFRICA

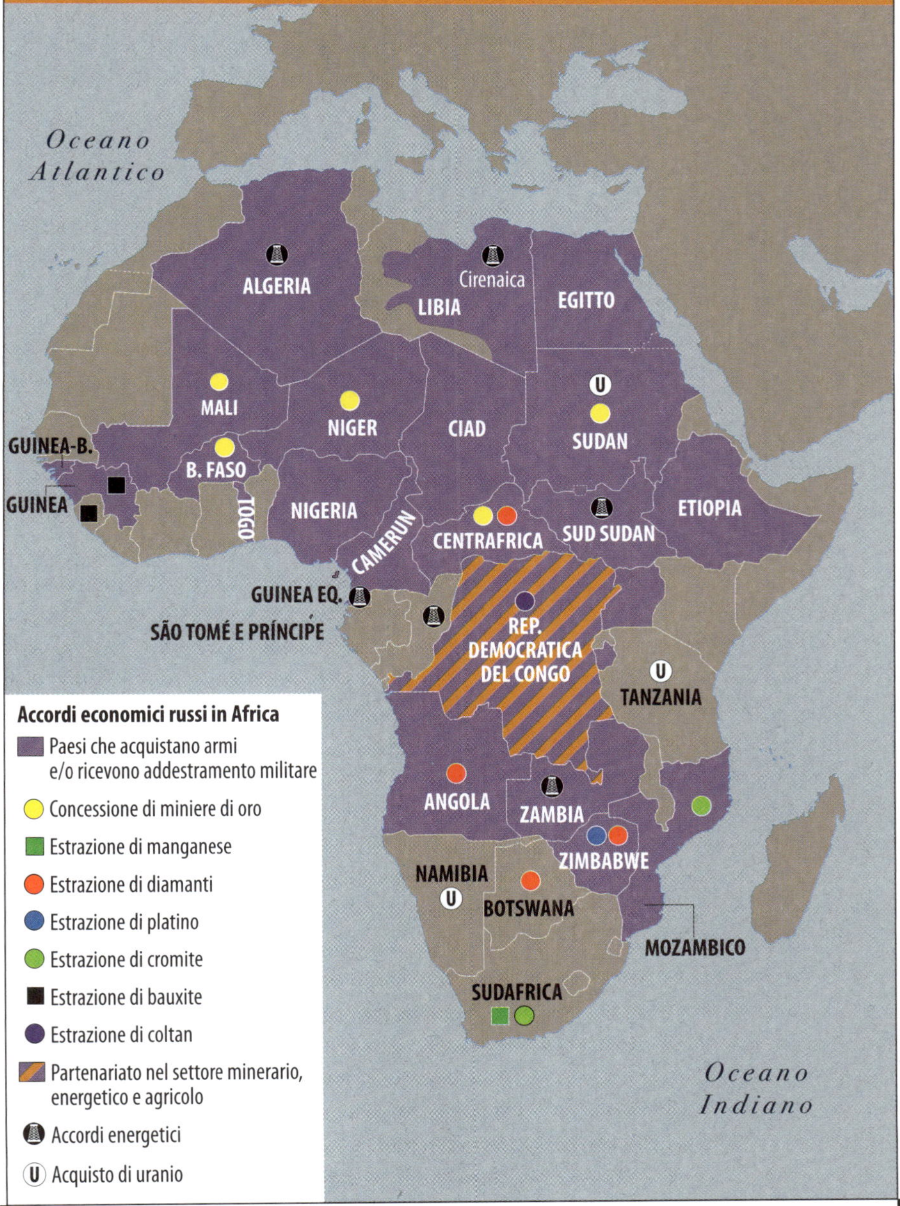

di media ai legami dei propri inviati con le tribù locali. L'intento è indebolire i governi africani più vicini all'Occidente, farli cadere e quindi sostituirli, grazie a una raffica di colpi di Stato, con leader o giunte militari più vicine a Mosca. E il cuore di questa operazione è il Sahel, ovvero la fascia di territori subsahariani che fra Ottocento e Novecento fu teatro di un'aspra contesa fra i maggiori imperi coloniali dell'epoca, francese e britannico.

Ciò che colpisce è quanto il crescente e variegato impegno russo in Africa non corrisponda a un'equivalente presenza economica sul terreno: a questo continente, infatti, Mosca destina circa l'1 per cento degli investimenti all'estero e il commercio con le nazioni africane si aggira nel complesso attorno a un valore di 18 miliardi di dollari. Sono cifre assai inferiori rispetto ai 64 miliardi di dollari degli Stati Uniti e ai ben 254 miliardi di dollari della Repubblica Popolare Cinese – secondo le stime del centro di ricerche del Congresso di Washington –, ma ciò non toglie che la Russia sappia ottimizzare assai meglio dei rivali globali i propri investimenti, facendo leva sulla presenza militare per avere un crescente accesso a risorse naturali di alto valore strategico come l'oro, i diamanti, l'uranio e il petrolio.[4]

Putin consente così alla Russia di tornare protagonista in Africa dopo la brusca riduzione della presenza registrata dall'indomani della caduta dell'Urss nel 1991, quando Mosca dovette drasticamente ridimensionare le ambizioni in questo continente. Lo strumento iniziale con il quale Putin si è riaffacciato sull'Africa è stata la Brigata Wagner – un gruppo di mercenari dislocato in primo luogo in Siria nel 2013 a sostegno del regime di Assad e poi in Crimea dopo l'annessione del 2014 – perché ha consentito

4. Ferragamo, Mariel, *Russia's growing footprint in Africa*, Cfr - Council on Foreign Relations, 28 dicembre 2023.

al Cremlino di avere molta flessibilità sul territorio, nonché la possibilità di non impegnarsi direttamente nelle azioni che esponevano a più rischi.

La prima operazione in grande stile della Brigata Wagner avviene nel 2017 in Sudan e da quel momento il suo dispiegamento si espande velocemente: prima nel 2018 nella Repubblica Centrafricana e nel Madagascar poi nel 2019 in Libia orientale e Mozambico e quindi nel 2020 in Mali e in Burkina Faso, per riuscire nel 2024 a strappare anche il Niger all'influenza occidentale. Con la novità che oramai la Brigata Wagner, dopo l'eliminazione del suo capo ribelle Evgenij Prigožin, viene sostituita da reparti operativi russi che rispondono direttamente al ministero della Difesa di Mosca e vengono denominati Africa Corps, richiamandosi alle truppe tedesche comandate dal feldmaresciallo Rommel in Nord Africa durante la Seconda guerra mondiale. La scelta nel 2019 di sostenere in maniera chiara il generale Khalifa Haftar, a Bengasi, è per la Russia un momento chiave di questa affermazione perché porta all'insediamento in Cirenaica con l'acquisizione conseguente di basi militari aeree e navali in questa regione della Libia, che include l'accesso al mare a Tobruk, praticamente davanti alle coste della Sicilia, cuore del fianco Sud della Nato. Senza contare l'accesso a un numero significativo di campi petroliferi libici dai quali la Russia estrae greggio grazie a un accordo economico proprio con Haftar che le consente di aggirare le sanzioni internazionali innescate dell'invasione dell'Ucraina.

Ciò che più conta è che gli accordi militari siglati dalla Russia con i Paesi del Sahel e con la Libia prevedono che Mosca possa dispiegare truppe nelle basi. Il 17 marzo 2024 il primo ministro della Repubblica Centrafricana, Félix Moloua, annuncia l'accordo sull'«espansione» della partnership tecnica militare con

Mosca. Per comprendere cosa implica bisogna rileggere quanto affermato nel luglio 2023 da Putin sul fatto che la partnership con la Repubblica Centrafricana avrebbe consentito di «proteggere la democrazia in questo Paese e di evitare una guerra civile», ovvero schierando contingenti armati.[5] Per questo Mosca sta costruendo una catena di basi militari dal cuore del Sahel alla costa del Maghreb, con il numero più alto di installazioni in Mali e Burkina Faso, mentre il Niger consente di far entrare i soldati in alcune basi già esistenti, costruite in precedenza da francesi e americani. Se sommiamo queste installazioni militari a quelle che Haftar ha permesso di creare in Cirenaica, ci accorgiamo che si viene a verificare una continuità territoriale fra l'Africa occidentale e la costa del Maghreb che permette a Mosca di giocare un ruolo decisivo nell'area da dove si originano i maggiori pericoli strategici per l'Europa: i migranti e il terrorismo jihadista. A testimonianza del valore di questa penetrazione, la diplomazia guidata dal ministro degli Esteri Sergej Lavrov è protagonista di un'intensa serie di missioni tanto nei Paesi più vicini che in quelli a loro immediatamente limitrofi, al fine di assegnare alla Federazione un peso centrale nella vasta regione che si estende fra Guinea e Corno d'Africa, Canale di Suez e Stretto di Gibilterra.

La geografia aiuta a comprendere come la presenza di basi militari russe in Mali e in Burkina Faso si sovrappone ai percorsi dei trafficanti di uomini, che partendo dal cuore dell'Africa occidentale, nel Niger del Sud, gestiscono il trasporto dei migranti in direzioni alterne, verso l'Algeria o la Libia. A questo quadro bisogna aggiungere il recente avvicinamento a Mosca della Tunisia del presidente Kaïs Saïed, che ha consentito per la prima volta

5. Blank, Stephen, *Moscow expands military influence in Africa*, «Eurasia Daily Monitor», vol. 21, n. 41, 18 marzo 2024.

a voli non commerciali russi di atterrare a Gerba, a ridosso del confine libico.

Per consolidare la presenza militare in questi Stati, Mosca punta a creare un'organizzazione che riunisce i Paesi a lei legati. Si tratta dell'Alleanza degli Stati del Sahel che al momento comprende il Burkina Faso, il Mali e il Niger ma punta a estendersi anche ad altri Paesi regionali in contrapposizione evidente all'Ecowas, la Comunità economica degli Stati dell'Africa occidentale, più vicina a Europa e Stati Uniti.[6]

La penetrazione in Sahel rientra in una strategia africana più articolata da parte di Putin che ruota attorno al rafforzamento del legame politico con il Sudafrica – uno dei due giganti del continente assieme alla Nigeria – e al consolidamento costante del gruppo Brics che riunisce le economie emergenti di Brasile, Russia, India, Cina e proprio il Sudafrica per essere protagonisti di un blocco alternativo del Sud globale in aperta competizione con le economie occidentali che ruotano attorno al summit del G7. In tale cornice, nel 2019 Mosca ha lanciato anche il summit Russia-Africa e sostiene una sfida aperta e diretta all'Ecowas, puntando a farla implodere.

In questa opera di penetrazione la Russia si è dimostrata efficace nel cavalcare i sentimenti antifrancesi, diffondendo con la disinformazione attraverso radio locali e il digitale contenuti di propaganda anticoloniale che evocano i danni causati da Parigi nei secoli passati. Lo scopo è fare leva sullo scontento delle popolazioni locali per come la Francia ha gestito due recenti missioni militari antijihadiste: l'operazione Serval, in Mali, e l'operazione

6. Karr, Liam, *Africa file special edition: russian diplomatic blitz highlights the Kremlin's strategic aims in Africa*, Isw - Institute for the Study of War, 6 giugno 2024.

Barkhane in più Paesi del Sahel.[7] A partire dal 2014 i successi ottenuti dalla Francia contro i gruppi jihadisti hanno infatti causato l'opposizione di molte tribù locali e Mosca è stata abile nell'inserirsi in questo spazio, riuscendo a fomentare la sollevazione popolare contro Parigi, arrivando in alcune situazioni anche a giovarsi in maniera assai disinvolta di gruppi jihadisti e clan del deserto.

MOSAICO CINESE

Per realizzare l'ambizioso progetto di una nuova architettura internazionale multipolare attorno agli interessi cinesi, al fine di ridurre il ruolo globale degli Stati Uniti, Pechino ha bisogno dell'Africa. Per questo il presidente Xi articola una strategia ibrida di penetrazione e insediamento in questo continente lungo quattro maggiori dorsali: il multilateralismo, gli accordi militari, gli investimenti nel campo dell'informazione e la penetrazione economica per realizzare infrastrutture utili alla Nuova via della seta e assumere il controllo delle miniere di materie rare, indispensabili alle nuove tecnologie che guidano la crescita globale.

Il multilateralismo è una questione di numeri. L'Africa è il più grande blocco di nazioni nell'Assemblea generale dell'Onu: il 28 per cento dei voti sono di Stati africani rispetto al 27 per cento dell'Asia, il 17 delle Americhe e il 15 dell'Europa occidentale. L'Africa vanta anche oltre un quarto dei voti in tutte le agenzie e gli organismi delle Nazioni Unite e costituisce il blocco più grande di Paesi dentro l'Organizzazione mondiale del commercio (Wto),

7. Stronski, Paul, *Russia's growing footprint in Africa's Sahel region*, Carnegie Endowment for International Peace, 28 febbraio 2023.

AFRICA - LA PRESENZA MILITARE RUSSA

La mappa della presenza militare russa in Africa è fra le più studiate dagli analisti Ue e Nato. I sei Paesi che ospitano basi, contingenti e apparecchiature russe hanno una continuità territoriale che segna le regioni del Maghreb e del Sahel. La presenza di infrastrutture militari in Mali, Burkina Faso e Niger è talmente densa da suggerire che è qui il cuore dell'operazione Africa di Putin perché si tratta dell'area dove la simultanea presenza di gruppi jihadisti, risorse minerarie e rotte dei migranti fa controllare a Mosca le crisi che più incombono sulla sicurezza dell'Europa. Ma Tobruk e Port Sudan possono diventare rapidamente i gioielli degli Africa Corps perché dal grande porto della Cirenaica i missili russi possono potenzialmente colpire tutta l'Europa così come dall'importante molo sudanese Mosca può ipotecare il traffico sul Mar Rosso. Estendere la propria influenza creando basi marittime evoca la strategia degli imperi coloniali del passato.

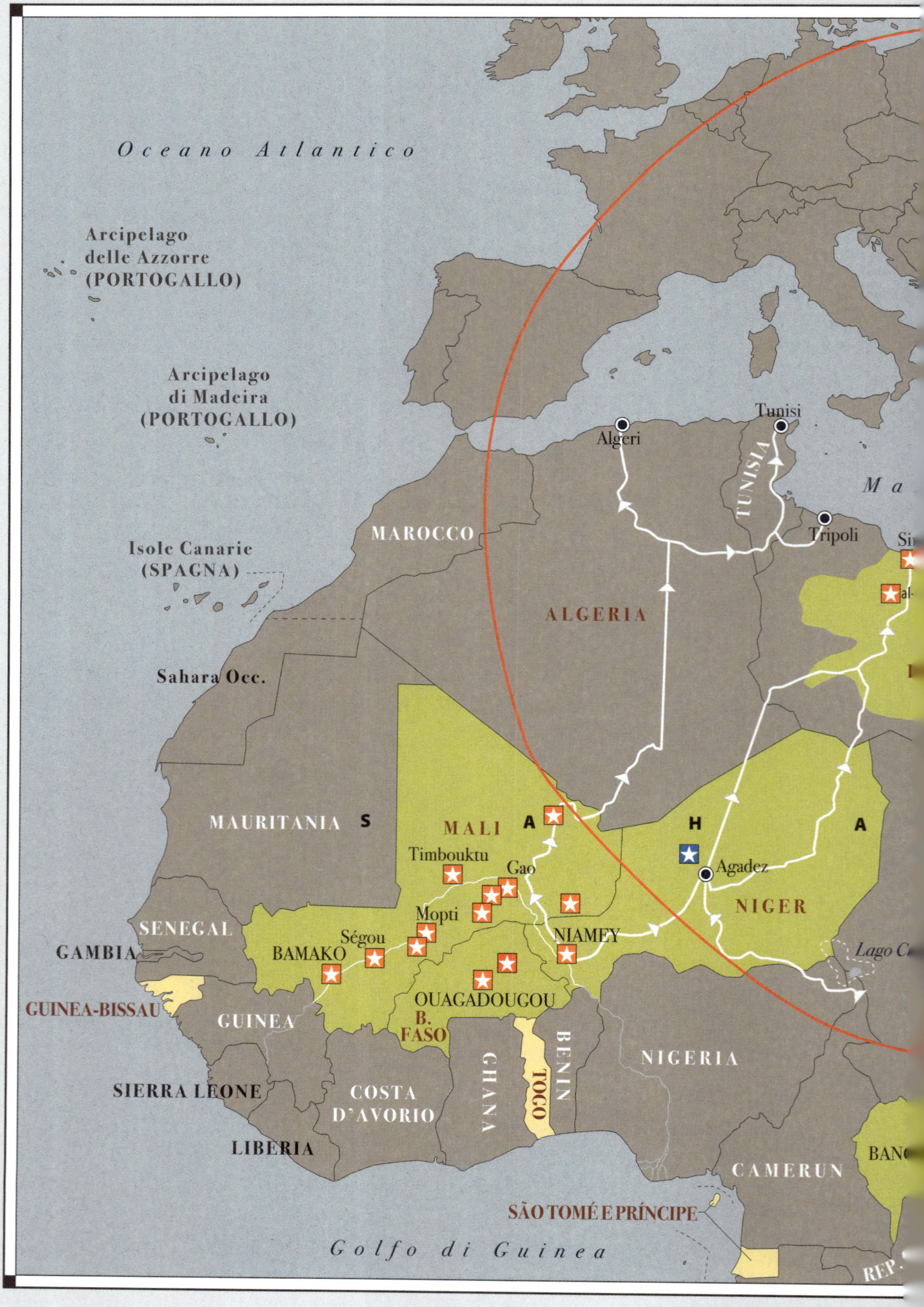
Oceano Atlantico
Arcipelago delle Azzorre (PORTOGALLO)
Arcipelago di Madeira (PORTOGALLO)
Isole Canarie (SPAGNA)
Sahara Occ.
MAROCCO
ALGERIA
Algeri
Tunisi
TUNISIA
Tripoli
MAURITANIA
S
MALI
A
H
A
Timbouktu
Gao
Mopti
Ségou
BAMAKO
Agadez
NIGER
NIAMEY
OUAGADOUGOU
B. FASO
SENEGAL
GAMBIA
GUINEA-BISSAU
GUINEA
SIERRA LEONE
LIBERIA
COSTA D'AVORIO
GHANA
TOGO
BENIN
NIGERIA
CAMERUN
SÃO TOMÉ E PRÍNCIPE
Golfo di Guinea
Lago C
BAN
REP.

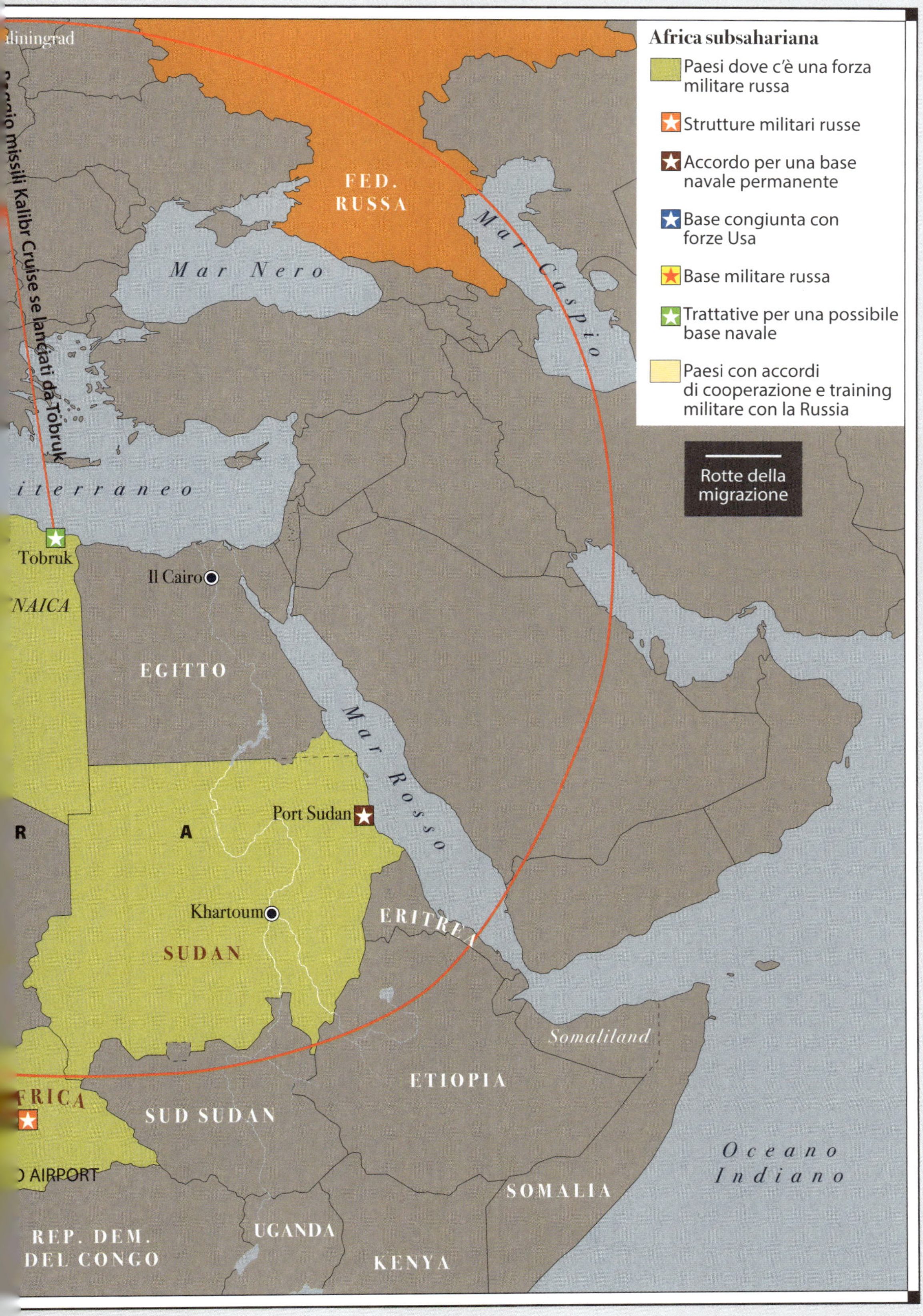
Africa subsahariana
Paesi dove c'è una forza militare russa
Strutture militari russe
Accordo per una base navale permanente
Base congiunta con forze Usa
Base militare russa
Trattative per una possibile base navale
Paesi con accordi di cooperazione e training militare con la Russia
Rotte della migrazione
Raggio missili Kalibr Cruise se lanciati da Tobruk
liningrad
FED. RUSSA
Mar Nero
Mar Caspio
iterraneo
Tobruk
Il Cairo
NAICA
EGITTO
Mar Rosso
Port Sudan
R
A
Khartoum
SUDAN
ERITREA
Somaliland
ETIOPIA
FRICA
SUD SUDAN
AIRPORT
Oceano Indiano
SOMALIA
REP. DEM. DEL CONGO
UGANDA
KENYA

il Gruppo dei 77 e il movimento dei Non Allineati. Dunque, i voti africani sono strategici per consentire alla Cina di ridisegnare le istituzioni globali. Quando Pechino parla del Sud globale come perno del nuovo mondo multipolare immagina un processo possibile solo grazie a rapporti più stretti con il numero più alto possibile di Paesi africani. Non a caso quando l'organizzazione dei Brics viene fondata, nel 2014, la Cina individua come suo interlocutore più importante all'interno del nuovo foro di cooperazione economica e strategica il Sudafrica. E da quel momento Pechino inizia a sostenere prestiti e finanziamenti per Pretoria e apre le porte della Banca per lo sviluppo delle infrastrutture in Asia a dieci Paesi africani. Una delle conseguenze di questi processi diplomatici è che un numero importante di governi africani guarda con favore alla Global Development Initiative e alla Global Security Initiative cinesi, dei forum sulla sicurezza con Pechino. L'idea cinese è che possano portare a definire una stabilità internazionale basata su: non interferenza negli affari interni; opposizione a sanzioni unilaterali; un'idea di sicurezza indivisibile – ovvero, la sicurezza cinese non può essere considerata in maniera separata da quella dei suoi partner.[8]

Alla Cina serve l'Africa anche per avere sostegno internazionale sul fronte della legalità: non a caso la Commissione Onu per i diritti umani ha visto molto spesso gli Stati africani sostenere Pechino davanti alle accuse di violazione ai danni delle minoranze o del dissenso. Nel 2020, ad esempio, tutti gli Stati africani tranne uno hanno votato a favore di una risoluzione cinese che lodava il pensiero del presidente Xi Jinping come esempio di «cooperazione sul fronte dei diritti umani», tacendo completamente

8. *China in Africa, a hybrid strategy*, Real Instituto Elcano, 15 febbraio 2019.

sulle accuse di violazione dei diritti delle minoranze dai cattolici ai musulmani dello Xijiang.[9]

Sul fronte delle attività militari non c'è dubbio che il luogo strategicamente più importante in Africa per la Cina è dove si trova la sua più importante base militare all'estero: Gibuti. La costruzione, iniziata nel 2016 e completata l'anno seguente, ha avuto un costo di circa 590 milioni di dollari americani e ha la superficie di circa 500 chilometri quadrati con oltre 20.000 metri quadrati di spazio sotterraneo e la possibilità di ospitare fino a 10.000 uomini, anche se al momento ve ne sarebbero solamente un migliaio. Sebbene Pechino la definisca come una «base di sostegno logistico» non c'è dubbio che la sua presenza nel Corno d'Africa consente di perseguire tre obiettivi: assicurare assistenza militare ai contingenti cinesi impiegati a fini umanitari; garantire un ombrello sugli oltre un milione di cittadini cinesi che vivono e risiedono in Africa; raccogliere informazioni di intelligence in uno dei luoghi del pianeta dove più si sovrappongono gli interessi delle tre maggiori potenze. Pechino ha scelto Gibuti come avamposto perché da una parte confina con Etiopia, Somalia ed Eritrea, dall'altra si trova di fronte alla penisola arabica, all'incrocio fra il Mar Rosso e il Golfo di Aden, dove lo Stretto di Bab el-Mandeb è attraversato dalle rotte commerciali più importanti perché collega l'Oceano Indiano al Canale di Suez e quindi al Mediterraneo, attraverso il quale passa circa il 25 per cento delle esportazioni globali di beni e servizi e almeno il 30 per cento del greggio diretto verso i porti occidentali.

Sul fronte militare c'è anche un'altra caratteristica che distingue la penetrazione cinese in Africa ed è la formazione di ufficiali provenienti da più Paesi di questo continente. Nelle accademie

9. Nantulya, Paul, *Africa's role in China's multilateralism strategy*, Africa Center for Strategic Studies, 24 gennaio 2023.

di Pechino fra il 2018 e il 2021 sono passati almeno duemila funzionari di polizia e delle forze di sicurezza di più Stati africani. È interessante notare come l'esercito cinese formi in queste scuole gli ufficiali africani: facendogli seguire gli stessi cinque binari di specializzazione dei propri militari. Ovvero: ufficiali militari; ufficiali di polizia; quadri civili; equipaggiamento logistico; specializzazione tecnica. Sono almeno cinquanta i Paesi africani che partecipano a questo progetto. Il Botswana ha inviato circa 500 ufficiali in 43 corsi a partire dal 2007, Paesi come Capo Verde, la Liberia, il Mali e il Senegal mandano ogni anno almeno 10 ufficiali così come la Costa d'Avorio ne invia 50 assieme a Namibia e Tanzania mentre la Sierra Leone 30. E dal 2021 anche il Kenya, tradizionalmente vicino all'Occidente, ha deciso di partecipare a questi programmi, inviando ogni anno 400 ufficiali di polizia dell'esercito e delle forze paramilitari.[10]

A tutto ciò bisogna aggiungere la strategia sul fronte dell'informazione, come il presidente Xi ha preannunciato nel 2023 intervenendo a una conferenza sull'ideologia e la propaganda nazionale: «Pechino deve considerare l'informazione come un campo di battaglia al fine di poter raccontare bene il proprio punto di vista». L'agenzia di stampa cinese Xinhua ha 37 uffici in Africa, la più grande estensione nel settore media nel continente, e StarTimes è il secondo network digitale dell'intera Africa – dopo l'emittente sudafricana di Stv – con almeno 10.000 antenne satellitari nelle regioni rurali di venti Paesi. L'intento è creare dei vettori di informazione che diffondono ovunque le idee cinesi. A questo bisogna aggiungere i programmi di formazione di giornalisti africani inclusi nel programma della Nuova via della seta. L'ostacolo che la

10. Nantulya, Paul, *China's «military political work» and professional military education in Africa*, Africa Center for Strategic Studies, 30 ottobre 2023.

Cina punta a superare è il fatto che, sondaggi alla mano, il 71 per cento degli abitanti dell'Africa preferisce ancora la democrazia al sistema dell'assoluto controllo del Partito comunista cinese sullo Stato. L'ambizione di Xi è di cambiare radicalmente il modo nel quale gli africani guardano al modello cinese.[11]

Su questo mosaico di iniziative si impone la presenza economica e gli investimenti commerciali guidati dai prestiti della Cina ai Paesi africani che hanno visto il loro momento più alto nel 2016 con un totale di quasi 29 miliardi di dollari e sono poi scesi nel 2022 a circa 995 milioni di dollari, raggiungendo poi il livello più basso dal 2004. Alla diminuzione dei prestiti fa però fronte, secondo i dati dell'American Enterprise Institute di Washington, un aumento degli investimenti che hanno raggiunto 11 miliardi di dollari nel 2023, ovvero il livello più alto da quando sono iniziate le attività cinesi in Africa nel 2005. Di questi 11 miliardi almeno 7,8 sono andati al settore estrattivo in Paesi come il Botswana, la Namibia, lo Zambia e lo Zimbabwe per la ricerca di minerali rari strumentali alla costruzione di infrastrutture e alla produzione di nuove tecnologie. Per avere un'idea del valore della presenza cinese in Africa basti pensare che gli investimenti accumulati negli ultimi anni si sommano a circa 100 miliardi di dollari e che includono il finanziamento di progetti per costruire almeno 30.000 chilometri di autostrade, generare 20.000 megawatt di elettricità e creare circa 900.000 posti di lavoro per purificare una quantità di acqua quotidiana pari a circa 9 milioni di tonnellate al giorno. A questo bisogna aggiungere la costruzione e il rinnovo di circa 6000 chilometri di strade in Paesi come l'Angola, la Nigeria, l'Etiopia e il Sudan, così come il progetto della Via della seta di

11. Nantulya, Paul, *China's strategy to shape Africa's media space*, Africa Center for Stategic Studies, 16 aprile 2024.

collegare il porto di Dakar sull'Atlantico con il porto di Gibuti sull'Oceano Indiano al fine di avere un dorsale di comunicazione tutta cinese per unire gli opposti poli del continente.[12]

La somma fra investimenti militari, proiezione multilaterale nelle organizzazioni internazionali e presenza economica assieme alla penetrazione sul fronte dell'informazione ci dà un'idea di come il mosaico cinese celi una strategia ibrida per insediarsi in Africa nel lungo termine trasformandola in un continente sempre più vicino a Pechino e sempre più lontano dall'Europa e dagli Stati Uniti.

L'ARRIVO DEGLI SCEICCHI

«C'è un Paese del Golfo che sta mettendo lo zampino nel Corno d'Africa.» È il presidente somalo Hassan Sheikh Mohamud a consegnare a un gruppo di esperti della Fondazione Med-Or, riunito a Roma, la novità geopolitica che scuote il continente. Il riferimento specifico di Mohamud è al ruolo degli Emirati Arabi Uniti nel finanziare la costruzione di una ferrovia per collegare Etiopia e Somaliland – a dispetto della sovranità di Mogadiscio sulle sue regioni settentrionali – ma il fenomeno che questo dettaglio svela è assai più ampio.

Lo scontro fra grandi potenze in Africa apre infatti spazi inediti a Paesi con forti ambizioni, e gli sceicchi le hanno. Anche perché gli Usa vedono con favore questa svolta regionale. Preoccupata dalla crescente influenza cinese e russa in Africa, Washington spinge Emirati Arabi Uniti, Qatar e Arabia Saudita a svolgere un ruolo maggiore nel continente. L'espansione dei legami

12. Savage, Rachel – Miriri, Duncan, *Post-Covid, China is back in Africa and doubling down on minerals*, Reuters, 29 maggio 2024.

economici tra l'Africa e gli Stati del Golfo apre nuovi scenari perché può portare prosperità e sviluppo, indebolisce democrazia e buon governo, e trasforma le monarchie arabe in un alleato regionale degli Usa assai più disinvolto dell'Europa.

L'aumento dei rapporti tra Africa e Golfo è innegabile. Solo nel 2023, gli Stati del Golfo hanno promesso investimenti per oltre 53 miliardi di dollari, quasi quattro volte più degli Stati Uniti. Qualche decennio fa, gli Stati del Golfo hanno iniziato a sfruttare i legami culturali e religiosi in tutta l'Africa settentrionale, orientale e occidentale. Oggi la loro presenza è estesa a tutto il continente: portano i petrodollari in settori come l'estrazione mineraria, l'agricoltura commerciale e le infrastrutture. Se il Covid-19 aveva bruscamente interrotto i collegamenti tra l'Africa e il resto del mondo, le compagnie aeree di diversi Paesi hanno ora una fitta rete di rotte in tutto il continente. Ciò significa che le élite politiche e commerciali africane godono di un facile accesso agli hub finanziari e commerciali del Golfo.[13]

A differenza di quanto avvenne durante l'assalto coloniale europeo alla fine del XIX secolo, le potenze straniere investono ingenti somme in Africa anziché inviare soldati e rivendicare il controllo di risorse naturali. Allo stesso modo, i Paesi del Golfo sono in gran parte disinteressati a interferire negli affari politici interni dei Paesi africani. Molti leader africani preferiscono questo approccio a quello delle democrazie occidentali, molto incentrato su democrazia, diritti umani, e accolgono con favore la natura disinvolta degli Stati del Golfo, le cui banche e i cui commercianti sono più disposti a fare affari in aree soggette a conflitti e corruzione rispetto ai loro omologhi occidentali.

13. Page, Matthew T. – Soares de Oliveira, Ricardo, *The cost of the Gulf's booming business in Africa*, «Time», 10 maggio 2004.

Il non celato sostegno al coinvolgimento dei Paesi del Golfo dimostra quanto sia cambiata la politica africana dalla fine dell'amministrazione Obama. Colpita da una serie di colpi di stato in Mali, Niger, Ciad e Gabon – tutti partner militari statunitensi di lunga data nella regione del Sahel ora scivolati sotto l'influenza di Mosca – la Casa Bianca non sembra più avere la priorità di spingere i Paesi africani a collaborare con le democrazie piuttosto che con le dittature. Washington diminuisce la pressione su buon governo e diritti umani perché la priorità è la sfida con Cina e Russia sul continente. Nell'ambito di questa Realpolitik, gli Usa spingono gli Stati del Golfo a investire in Africa, in particolare nel settore minerario di importanza strategica.

Gli interessi economici del Golfo in Africa sono radicati nella diversificazione delle importazioni, nell'accesso ai porti e nella sicurezza alimentare. L'Arabia Saudita e gli Emirati Arabi Uniti fanno da tempo affidamento sulle importazioni di prodotti alimentari e l'inflazione dell'era pandemica li ha spinti ancor più su questa strada. Guardano a Paesi africani come l'Etiopia e il Sudan per ottenere cereali e altri prodotti di base. Il calo dei prezzi del petrolio li porta a diversificare in altri settori, come quello dei minerali basilari. Anche il reclutamento di lavoratori africani è aumentato; negli ultimi venti anni, gli immigrati in alcuni Paesi del Consiglio di cooperazione del Golfo rappresentano il 90 per cento della forza lavoro e gli africani ne costituiscono la maggior parte. Si cerca anche una più stretta cooperazione africana in materia di sicurezza. L'Arabia Saudita e gli Emirati Arabi Uniti hanno la presenza militare più attiva nella regione, avendo entrambi ampliato le loro basi militari sulla costa africana del Mar Rosso dal 2015.

Ma non è tutto, perché a livello diplomatico molti Stati del Golfo cercano di posizionarsi come pacificatori nei conflitti africani. Il Qatar ha guidato i colloqui tra Etiopia ed Eritrea nel 2018 e continua a mediare in Somalia e Sudan. L'Arabia Saudita ha ospitato i negoziati sulla guerra civile sudanese in corso, ha fatto della riduzione del debito africano una priorità e nel novembre 2023 ha tenuto il primo vertice saudita sull'Africa. E la tv Al Jazeera, con sede in Qatar, ha esteso presenza e copertura dell'Africa, rafforzando il soft power degli sceicchi. Questi crescenti legami Golfo-Africa descrivono il cambiamento delle dinamiche negli equilibri globali con una tendenza al multipolarismo che porta potenze regionali come il Brasile, l'India, la Turchia e gli Stati del Golfo a un maggior protagonismo.

Se infatti gli Stati del Golfo hanno trovato partner disponibili nei governi africani che cercano investimenti e legami al di là delle relazioni con Stati Uniti, Cina, Russia o ex potenze coloniali come Francia e Regno Unito, l'espansione decisa nel 2023 del blocco Brics (guidato da Brasile, Russia, India, Cina e Sudafrica) per includere l'Etiopia, l'Egitto, l'Iran, l'Arabia Saudita e gli Emirati Arabi Uniti evidenzia l'entità della partita in corso.[14]

SUDAN, SFIDA IRAN-EMIRATI

I droni di Emirati Arabi Uniti e Iran duellano sui cieli del Sudan descrivendo come la sanguinosa guerra civile in corso nel Paese crocevia dell'Africa sia diventata un tassello del grande gioco fra medie e grandi potenze. La guerra civile è fra le forze del governo di Karthum e le fazioni riunite nelle Rapid Support Forces che hanno dato inizio alla rivolta nell'agosto 2023.

14. Dent, Alexandra – Ferragamo, Mariel, *Africa and the Gulf Are growing closer. Will it increase global tensions?*, Cfr - Council on Foreign Relations, 8 agosto 2024.

A marzo 2024 le forze regolari tornano a controllare il quartier generale di radio e tv nazionali con un'operazione che fa venire alla luce l'impiego di droni iraniani, i Mohajer-6 capaci di volare fino a 2000 chilometri per poi far cadere degli ordigni esplosivi, e gli Zajil-3 – versione locale dell'iraniano Ababil-3 – recapitati da Teheran con una serie di voli cargo della compagnia aerea Fars Air Qeshm fra Bandar Abbas, in Iran, e Port Sudan, sulle rive del Mar Rosso. Sul fronte opposto, le forze ribelli impiegano invece droni forniti dagli Emirati già visti all'opera in Etiopia e Yemen. Secondo un rapporto Onu pubblicato all'inizio del 2024 in questo ultimo caso il ponte aereo parte da Abu Dhabi, passa per gli aeroporti di Nairobi e Kampala, e termina nello scalo ciadiano di Amdjarass, a ridosso dei confini occidentali del Sudan, dove i ribelli hanno le proprie roccaforti. Tanto l'Iran che gli Emirati negano forniture militari e coinvolgimento nella feroce guerra civile, ma basta guardare la cartina geografica per comprendere i motivi del loro coinvolgimento: Port Sudan è un porto strategico per il controllo del Mar Rosso, avere il Sudan significa poter esercitare un'ipoteca sui traffici marittimi commerciali – fra i più importanti al mondo – perfino superiore a quella degli Houthi che operano nello Shatt el-Arab, muovendosi dalle basi in Yemen.[15]

Ma c'è dell'altro, perché entrambi i rivali vedono nel Sudan un tassello delle rispettive strategie regionali: per Teheran significa creare con gli Houthi una morsa capace di assicurarle il controllo del Mar Rosso, e dunque dell'accesso al Canale di Suez, mentre per Abu Dhabi l'intento è includere il Sudan in un network di alleanze e basi che include Egitto, Ciad, Eritrea, Etiopia, Cirenaica

15. Abu Taleb, Abdelrahman, *Evidence of Iran and Uae drones used in Sudan War*, Bbc, 13 giugno 2024.

libica e Somalia al fine di esercitare un'influenza regionale capace di respingere l'offensiva dell'islam radicale, percepito come un nemico feroce del modello emiratino.

In tale cornice la Russia tiene a tal punto al legame con il Sudan – e alla base a Port Sudan, ancora da realizzare – da sostenere entrambi i protagonisti della guerra civile: offre alle Forze armate sudanesi (Saf) armi e al tempo stesso rifornisce il loro nemico, le forze paramilitari Rapid Support Forces (Rsf), attraverso ciò che resta della Brigata Wagner. L'intento di Mosca è riempire il vuoto di potere lasciato dagli Stati Uniti e contrastare la presenza militare dell'Ucraina in Sudan – ci sono tra le 100 e le 300 truppe di Kiev sul terreno, che operano per lo più a fianco delle Saf. Allo stesso tempo, il gruppo paramilitare russo, ancora operativo sul posto, facilita la fornitura di armi dagli Emirati Arabi Uniti alle Rsf. Questa scelta è stata fatta da Mosca dopo l'inizio della guerra civile, il 15 aprile 2023. Nelle settimane precedenti il conflitto civile, il ministro degli Esteri russo Sergej Lavrov aveva visitato Khartoum, incontrando separatamente il capo dell'esercito Abdel Fattah al-Burhan e il leader delle Rsf Mohamed Hamdan Dagalo, l'ex comandante janjaweed meglio noto come Hemeti. Tutto ciò si spiega con la volontà della Russia di stabilire una base navale sulla costa sudanese del Mar Rosso, vicino a Port Sudan. Per Lavrov l'accordo in tal senso era stato «firmato in precedenza tra i due Paesi e attende di essere legalizzato». E Mosca intende farlo, a prescindere da come andrà a finire la guerra civile.

Se Mosca gioca una partita tutta sua, mirata a creare – chiunque prevalga – a Port Sudan una propria base permanente sul modello di Tartus in Siria, gli Stati Uniti invece sostengono gli Emirati, loro alleati, riproponendo anche in questo angolo di Africa la guerra d'attrito fra grandi potenze globali.

C'è anche un collegamento diretto con il Medio Oriente perché il 2 febbraio 2023 Israele e Sudan hanno finalizzato, grazie alla mediazione Usa, un accordo per la normalizzazione delle relazioni – nel quadro degli Accordi di Abramo. Il governo di allora, vicino all'Arabia Saudita, guardava a occidente ma l'inizio della guerra civile nell'agosto seguente ha cambiato gli equilibri dentro l'esecutivo sudanese e reso impossibile la formalizzazione della firma, anche perché i gruppi islamici e le forze sostenute dall'Iran sono dichiarati avversari non solo di Emirati e Usa ma anche di Israele.[16]

Tali e tanti incroci di geopolitica nascono dall'importanza del Sudan, determinata dalla sua posizione geografica. Situato nell'angolo nordorientale dell'Africa, è una porta d'accesso naturale al Sahara, al Sahel e al Corno d'Africa. Rientra nella sfera d'influenza degli Stati del Golfo e comprende il Mar Rosso che nel suo punto più stretto separa Africa e Arabia Saudita (ovvero Medio Oriente) di appena trenta chilometri. E Port Sudan, la città in mano alle Forze armate sudanesi, è più vicina ad Abu Dhabi e Teheran che a N'Djamena, la capitale del Ciad, il vicino occidentale del Sudan. Per questo l'ambasciatore norvegese a Karthum, Endre Stiansen, riassume così questo conflitto: «Ha un impatto diretto su tre continenti», Africa, Asia e anche Europa per via tanto del traffico commerciale verso Suez che delle rotte dei migranti che lo attraversano, partendo dall'Africa centrale per dirigersi verso il Maghreb.[17]

16. Yaari, Ehud, *The fighting in Sudan threatens peace efforts with Israel*, The Washington Institute, Washington, 21 aprile 2023.

17. *The ripple effects of Sudan's war are being felt across three continents*, «The Economist», 29 agosto 2024.

IV.

MEDIO ORIENTE

L'ATTACCO DI HAMAS

La nuova stagione di guerra in Medio Oriente nasce con l'attacco a sorpresa di Hamas contro Israele del 7 ottobre 2023: descrive identità e obiettivi del terrorismo islamico, è frutto di un piano militare sofisticato che ha beffato Gerusalemme ed è esito della volontà di Teheran di ostacolare con la violenza un possibile accordo di pace fra lo Stato ebraico e l'Arabia Saudita.

Il primo e rudimentale intento di Hamas è di portare il terrore più feroce nel cuore di Israele: l'attacco ha visto almeno tremila terroristi ben armati e addestrati entrare in più centri civili nel Sud per uccidere i passanti, citofonare nelle case annunciando l'arrivo della morte, rapire uomini, donne e bambini, e diffondere via web i video sulle vittime umiliate, maciullate, per far comprendere a ogni cittadino dello Stato ebraico che Hamas può raggiungerlo ovunque, che la sua sicurezza semplicemente non c'è più. È la descrizione più limpida e inequivocabile del terrorismo jihadista: Hamas, votata sin dalla nascita alla distruzione di Israele, vuole dimostrare di poter declinare il terrore più efferato dentro ogni casa ebraica, perché il suo obiettivo strategico è spingere gli ebrei a fuggire da una terra che i jihadisti ritengono appartenga solamente all'islam. Le immagini di salotti e cucine delle case israeliane devastate con le scritte «Allah è Grande» tracciate in rosso sulle pareti sono la fotografia di quanto hanno in mente i jihadisti: trasformare lo Stato ebraico in un immenso lago di sangue.

Se l'intento di Hamas è di una brutalità medioevale, il piano militare per realizzarlo si è rivelato invece molto sofisticato, segnando un nuovo sviluppo del concetto di guerra ibrida. La preparazione è durata mesi, riuscendo a evadere la sorveglianza elettronica israeliana, e l'attacco ha beffato le difese di Gerusalemme su tre fronti. Primo: il lancio iniziale, poco dopo l'alba, di oltre 2500 razzi nell'arco di brevissimo tempo mette in difficoltà il sistema antiaereo dell'Iron Dome. Secondo: i terroristi che superano il confine con deltaplani a motore e i droni che abbattono le antenne della sorveglianza elettronica dimostrano l'inutilità delle difese hi-tech israeliane, consentendo l'entrata dei pick-up carichi di uomini armati. Terzo: le stragi di civili, il rapimento di ostaggi e la cattura di armamenti israeliani avvengono nell'arco di poche ore, e dimostrano che Hamas conosce a menadito il territorio su cui si muove, va a colpo sicuro sulla base di informazioni raccolte in precedenza da infiltrati di ogni genere.

Dettaglio più dettaglio meno è lo stesso piano che Hezbollah aveva preparato per penetrare il Nord della Galilea attraverso tunnel costruiti sotto il confine libanese e che Israele scoprì nel 2018: allora il movimento armato libanese aveva immaginato di violare la sicurezza del «nemico sionista» muovendosi sottoterra, Hamas ora ci è riuscita volando con i deltaplani. Con un'azione a sorpresa messa a segno in coincidenza con il cinquantesimo anniversario della Guerra del Kippur, quando furono gli eserciti di Egitto e Siria a cogliere del tutto impreparate le difese israeliane. Questa volta l'impreparazione è evidenziata da quanto solo pochi giorni prima l'intelligence militare israeliana aveva comunicato per iscritto al governo: «Hamas non è interessata a un'escalation nella Striscia di Gaza». Poiché in Medio Oriente le sensazioni collettive spesso fanno la differenza, non si può escludere che davanti alle immagini di Israele lacerata dalle proteste interne, Hamas si sia convinta che il nemico era diventato più vulnerabile. Ed era dunque arrivato il momento di attaccare, realizzando un piano preparato da almeno un anno.

La prima capitale a lodare l'attacco di Hamas è stata Teheran, i cui istruttori e la cui intelligence operano da tempo per trasferire a Gaza l'esperienza militare di Hezbollah. Il progetto di coordinare gli Hezbollah libanesi con Hamas e Jihad islamica a Gaza e altri gruppi jihadisti in Cisgiordania al fine di attaccare il cuore di Israele nasce dalla mente di Qassem Soleimani, l'ex capo della Forza al-Quds delle Guardie della rivoluzione eliminato dagli americani in Iraq nel 2020, e ora il suo successore Esmail Qaani è riuscito a metterlo a segno, grazie all'intesa di vecchia data fra i comandanti pasdaran e Mohammed Deif, il capo militare di Hamas poi eliminato da Israele a Gaza. L'intento di Teheran è creare una situazione di conflitto tale dentro e attorno alla Striscia da scuotere l'intera regione e far fallire il negoziato americano per arrivare a un accordo di pace fra Israele e Arabia Saudita. Per questo il commando di Hamas ha rapito civili e militari israeliani, portandoli dentro la Striscia, puntando a usarli come scudi umani contro gli attacchi aerei israeliani e, ancor più, a trasformarli in un casus belli di lungo termine capace di precipitare nelle fiamme l'intero Medio Oriente. Ovvero, uno scenario strategico all'esatto opposto degli Accordi di Abramo.

Aggredito a sorpresa, con oltre mille vittime e dozzine di ostaggi nelle mani del più feroce nemico, Israele si trova catapultato in un conflitto medioevale che obbliga il premier Benjamin Netanyahu e l'opposizione guidata da Yair Lapid e Benny Gantz a unirsi davanti a una sfida fra le più difficili che un governo di Gerusalemme abbia affrontato dalla nascita dello Stato. Davanti a uno scenario disseminato di incognite ci sono pochi dubbi sul fatto che il conflitto Israele-Hamas definisca in maniera cristallina l'esistenza di due campi opposti in Medio Oriente: quello di chi cerca una pace regionale per comporre il secolare conflitto arabo-israeliano e quello di chi invece vuole perpetuarlo, credendo solo nella guerra. Il cui maggiore protagonista è il fronte jihadista che punta alla distruzione dello Stato ebraico, unica democrazia del Medio Oriente.

ASSEDIO A ISRAELE

L'attacco militare dell'Iran contro Israele dell'aprile 2024, con il lancio di centinaia di droni e missili di vario tipo, riassume le diverse dimensioni del conflitto in corso in Medio Oriente. Anche perché il 1° ottobre seguente Teheran ripete l'operazione con maggiore aggressività: 181 missili balistici di tipo Fattah-1 e Kheibar Shekan per portare morte e distruzione e «vendicare Nasrallah e Haniyeh», il leader di Hezbollah ucciso dall'Idf in un raid su Beirut e il capo politico di Hamas eliminato dal Mossad nella capitale iraniana. L'esposizione diretta di Teheran come guida del fronte militare anti-Israele porta a compimento una strategia di lungo termine che già vede l'Iran usare le milizie alleate per assediare e dissanguare lo Stato ebraico nel tentativo di affermare la propria egemonia sulla regione, indebolendo la presenza degli Stati Uniti fino al punto da poterli sostituire con i rivali, Russia e Cina.

Per comprendere caratteristiche e identità del conflitto che la Repubblica Islamica conduce contro lo Stato ebraico bisogna partire dal fatto che si tratta di una guerra diversa da quelle che il Medio Oriente ha visto in passato: è una guerra di attrito e ibrida, che si articola contemporaneamente su più fronti e più livelli.

Il primo fronte è quello più sanguinoso perché Teheran finanzia, addestra e arma milizie alleate in Libano-Siria (Hezbollah), Gaza-Cisgiordania (Hamas e Jihad islamica), Yemen (Houthi) e Iraq (Kata'ib Hezbollah) usandole tutte, e assieme, dall'indomani del 7 ottobre 2023, per obbligare Israele a combattere su più fronti. È dalla Guerra di indipendenza del 1948 che Israele non si trovava a fronteggiare simultaneamente attacchi militari provenienti da sei direzioni geografiche differenti. Ma con una differenza: nel 1948 si trattava sempre e solo di eserciti regolari o bande armate arabe, mentre in questo caso la tipologia degli attacchi è assai più variegata. Hamas ha usato la tattica del pogrom contro i villaggi del Negev occidentale e combatte a Gaza una guerriglia urbana basata su guerriglieri senza divisa, scudi umani e tunnel oltre al fatto che, assieme alla Jihad islamica, lancia razzi e commette attentati, mentre Hezbollah, Houthi e milizie irachene dispongono di un vasto arsenale di droni e missili assai sofisticati, capaci di minacciare ogni angolo del territorio dello Stato ebraico. Senza contare i sequestri di navi come quelli avvenuti nelle acque di Hormuz. Ciò significa obbligare Israele a difendersi su fronti che non potrebbero essere più diversi: dalle infiltrazioni sotterranee agli attacchi kamikaze, dai missili più avanzati ai droni rudimentali.

È una guerra d'attrito in grande stile coordinata dalla Forza al-Quds, l'unità per le operazioni all'estero delle Guardie della rivoluzione iraniana che rispondono direttamente all'imam

LIBANO
Attacchi Hezbollah
Mar Mediterraneo
Akko
Safed
Haifa
Lago di Tiberiade
Nazaret
Attacchi dalla Siria e dall'Iraq (milizie sciite irachene, Hezboll
rete di milizie pro-Iran)
SIRIA
Attacchi dall'Iran
15 km
Jenin
Netanya
Tulkarm
Nablus
Hertzliya
Qalqilya
GIORDANIA
Tel Aviv
Ramat Gan
Cisgiordania
Ramallah
Gerico
F. Giordano
Ashdod
Attacchi dalla Striscia di Gaza (Hamas, Jihad islamica)
GERUSALEMME
Ashkelon
Betlemme
Gaza
Hebron
Mar Morto
Striscia di Gaza
Khan Yunis
Rafah
Beer Sheva
Dimona
ISRAELE
EGITTO
Eilat
Attacchi dallo Yemen (Houti)
Hamas: Razzi a corto, medio e lungo raggio, droni
Hezbollah: Razzi a corto, medio e lungo raggio, droni, mi anti-tank, missili a corto
Houti e milizie sciite irachene: Droni, missili a corto, me raggio
Iran: Droni, missili a corto, me e lungo raggio
Alture del Golan
Zona cuscinetto Onu
Barriera di separazione costruito in Cisgiordar e intorno a Gaza
Barriera di separazione in costruzione
Linea verde
Area dell'attacco di Hamas del 7 ottobre 2023
Bombardamenti di Hezbolla
Aree sotto attacco degli Hou e di Hamas e dell'Iran
Scontri tra israeliani e palest in Cisgiordania
Lanci di razzi di Hamas
Presenze militari
Iraniane
Russe

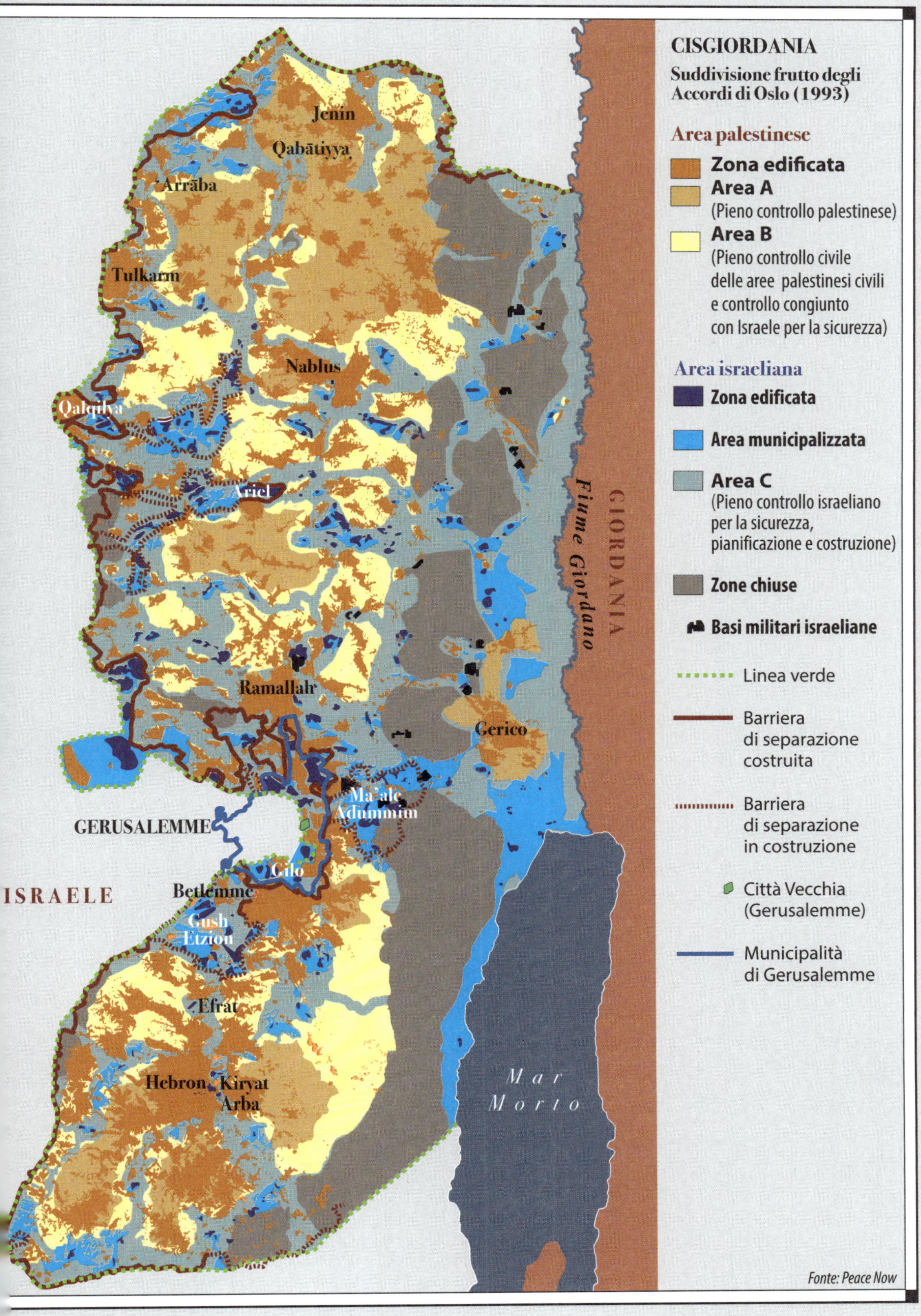
CISGIORDANIA
Suddivisione frutto degli Accordi di Oslo (1993)
Area palestinese
Zona edificata
Area A
(Pieno controllo palestinese)
Area B
(Pieno controllo civile delle aree palestinesi civili e controllo congiunto con Israele per la sicurezza)
Area israeliana
Zona edificata
Area municipalizzata
Area C
(Pieno controllo israeliano per la sicurezza, pianificazione e costruzione)
Zone chiuse
Basi militari israeliane
Linea verde
Barriera di separazione costruita
Barriera di separazione in costruzione
Città Vecchia (Gerusalemme)
Municipalità di Gerusalemme
Jenin
Qabātiyya
'Arrāba
Tulkarm
Nablus
Qalqilya
Ariel
Ramallah
Gerico
Ma'ale Adummim
GERUSALEMME
Gilo
Betlemme
Gush Etzion
Efrat
Hebron
Kiryat Arba
ISRAELE
GIORDANIA
Fiume Giordano
Mar Morto
Fonte: Peace Now

Khamenei, guida suprema della rivoluzione. La finalità è far sanguinare il nemico il più possibile, con una campagna tesa a esaltare il ruolo di Teheran come guida del fronte islamico, denominato «Asse della resistenza», che persegue la distruzione dello Stato ebraico e l'eliminazione dei suoi circa nove milioni di abitanti, ebrei, cristiani o musulmani.

L'Iran è considerato da molti la patria del gioco degli scacchi e questa strategia d'assedio assomiglia a un'abile partita: ogni pedina usata per aggredire l'avversario è un'organizzazione terroristica che, per definizione, non risponde ad alcuna regola, non rispetta alcuna legge, non ha timore di causare vittime civili ed è composta di individui e gruppi paramilitari jihadisti disposti al suicidio. Dunque, l'assediato – Israele – ha difficoltà a difendersi con tattiche di tipo tradizionale e combatte contro i nemici più prossimi mentre il vero avversario – l'Iran – resta geograficamente distante. Ciò che conta di più per gli ayatollah è rafforzare la percezione regionale che Israele è imbottigliato, sotto assedio, incapace di difendersi.[1] Per questo Khamenei afferma «abbiamo riportato i sionisti indietro di settant'anni», ovvero a quando il giovane Stato ebraico, appena creato, appariva fragile, vulnerabile, costantemente a rischio di estinzione.

Se l'Iran accelera su questo fronte è perché, come i suoi leader affermano, ritiene che la guerra a Gaza abbia «cambiato in maniera decisiva l'equilibrio in Medio Oriente» a causa del successo della campagna di delegittimazione di Israele in corso in Occidente, che facendo leva sul numero molto alto di vittime civili nella Striscia di Gaza punta ad allontanare il più possibile

1. *Airstrike in Damascus kills several top iranian commanders, Iran Says*, «The New York Times», 2 aprile 2024.

Usa e Ue dallo Stato ebraico.[2] È proprio la sovrapposizione fra campagna di informazione sui social e azioni militari sul terreno a spiegare perché si tratta di un conflitto ibrido, che si sviluppa su livelli paralleli. Il cui fine ultimo, sul terreno, è però assai fisico, concreto: cementare un coordinamento operativo fra alleati in territori contigui – Iran, Iraq, Siria e Libano – al fine di creare una «Mezzaluna sciita» capace di dominare il Medio Oriente, adoperando al contempo gli Houthi yemeniti per avere un'ipoteca sul commercio marittimo attraverso il Mar Rosso. L'obiettivo è l'egemonia regionale sui Paesi arabi sunniti – dall'Arabia Saudita all'Egitto, dalla Giordania agli Emirati – cogliendo per gli sciiti un risultato mai ottenuto nella storia dell'islam. Un'egemonia che è poi, a ben vedere, legata anche all'accelerazione dello sviluppo del programma nucleare che preoccupa l'Agenzia internazionale per l'energia atomica dell'Onu (Aiea), per il semplice motivo che diventare un Paese «sulla soglia» della bomba significa entrare nel ristretto club delle potenze nucleari del pianeta. Potendo competere con Israele anche su questo terreno.[3]

Ma non è tutto: nella strategia dell'Iran in Medio Oriente c'è anche una dimensione geoeconomica di portata globale. Realizzando la Mezzaluna sciita Teheran vuole infatti arrivare a gestire un collegamento diretto via terra fra il Golfo Persico e il Mediterraneo capace di offrire alla Nuova via della seta di Pechino una rotta est-ovest alternativa al Canale di Suez, gestito dal rivale Egitto. Così come gli ayatollah immaginano di realizzare una direttrice di trasporti terrestri fino a Mosca, per offrire

2. *Khamenei: The October 7 attack thwarted the big plans for the Middle East*, i24News, 27 agosto 2024.

3. MacFarquhar, Neil, *The proxy forces Iran has assembled across the Middle East*, «The New York Times», 27 ottobre 2023.

alla Russia di Vladimir Putin – attraverso il Caucaso o l'Asia centrale – uno sbocco diretto sullo Stretto di Hormuz e dunque sull'Oceano Indiano. Si tratta di progetti geoeconomici ostili agli Accordi di Abramo che, sostenuti dagli Usa, vogliono invece creare una zona di sicurezza e prosperità in Medio Oriente – grazie alle intese di pace arabo-israeliane – capace di diventare un «ponte» fra l'India e il Mediterraneo. Quest'ultimo terreno di sfida rende evidente l'intenzione di Teheran di far declinare in maniera irreversibile il ruolo degli Stati Uniti nella regione, facendo così emergere Russia e Cina quali nuovi partner privilegiati di un Medio Oriente guidato dagli sciiti, con gli Stati arabo-sunniti trasformati in pedine e Israele cancellato dalla carta geografica.[4]

A leggere questo scenario in maniera organica con la storia del Medio Oriente è Mordechai Kedar, analista politico-militare israeliano e docente all'Università Bar Ilan. Secondo Kedar «se nel 1948 Israele si trovò davanti alla sfida del nazionalismo arabo, ora invece il nemico è l'islam politico», che nella versione sciita è l'Iran degli ayatollah e in quella sunnita sono i gruppi che si richiamano al movimento dei Fratelli musulmani, come nel caso di Hamas. «Teheran è stata molto abile nel creare attorno a Israele un assedio composto da organizzazioni militari espressioni dell'islam politico,» spiega Kedar «perché mentre gli Stati devono comportarsi in quanto tali e dunque hanno obblighi internazionali, le organizzazioni non rispondono a nessuno e quindi non hanno vincoli di sorta, dalla Carta dell'Onu alle norme della Corte dell'Aja o del Tribunale penale internazionale. Questo significa che chi attacca Israele non deve rispettare nulla, può usare i civili come scudi umani, fare attentati, sequestrare ostaggi,

4. Alonso-Trabanco, Jose Miguel, *Understanding the «shiite crescent» as iranian grand strategy*, «Geopolitical Monitor», 17 ottobre 2022.

ISRAELE-IRAN E LA COSTELLAZIONE SCIITA

Guardare questa mappa consente di comprendere la dimensione più strategica dello scontro in atto in Medio Oriente. Si confrontano due blocchi rivali: in blu Israele e Paesi arabo-sunniti, legati da accordi o trattative di pace, sono impegnati assieme a Ue e Usa a risolvere i gravi conflitti in corso al fine di creare un'area di sicurezza e prosperità fra Asia ed Europa; in verde l'Iran e i suoi alleati, Stati e milizie, compongono una «Mezzaluna sciita» che si estende dallo Stretto di Hormuz alle coste del Mediterraneo alimentando l'aspirazione di Teheran all'egemonia regionale. Sostenuta da Mosca e Pechino. Anche la regione dello Yemen controllata dagli Houthi è in verde, perché questa organizzazione militare si sostiene con armi, fondi e addestramento iraniani al fine di ostacolare il traffico verso il Mar Rosso. Se Teheran riuscisse a sommare il controllo degli Stretti di Hormuz e Bab al-Mandeb avrebbe in mano l'intero Medio Oriente.

TURCHIA
ARMENIA
AZERB.
Bonab
3
Mar Mediterraneo
SIRIA
Moallem Kalay
Lashkarabad
8
LIBANO
Samarra
BAGHDAD
Mezzal
ISRAELE
Karbala
GIORDANIA
al-Najaf
LIBIA
IRAQ
Darkovir
12
KUWAIT
EGITTO
ARABIA SAUDITA
Medina
RIYAD
la Mecca
Mar Rosso
SUDAN
Iran
Paesi sotto influenza dell'Iran
ERITREA
YEMEN
Sciita
Areea Houti
Città sante sciite
Altre aree sotto influenza iraniana
ETIOPIA
Crisi del Mar Rosso
GIBUTI
Stretto di Bab el-Mande

UZBEKISTAN
TAGIKISTAN
CINA
TURKMENISTAN
Semnan
Mashhad
HERAN
Herat
KABUL
ISLAMABAD
Natanz
Isfahan
Saghand
Ardakan
AFGHANISTAN
PAKISTAN
IRAN
INDIA
Shiraz
shehr
Gchine
TAR
Stretto di Hormuz
E.A.U.
OMAN
Oceano Indiano
Socotra
Gli impianti del nucleare in Iran
1 Kalaye Electric; Università tecnologica Sharif; Ricerca e sviluppo (arricchimento mediante centrifughe)
2 Centro di addestramento dell'organizzazione iraniana per l'energia atomica
3 Centro di ricerca sull'energia nucleare
4 Impianto di ricerca sull'arricchimento con tecnologia laser
5 Impianto sotterraneo di arricchimento del combustibile
6 Complesso missilistico; produzione di razzi a propellente solido Nazeat; nelle vicinanze anche strutture per il lancio di razzi
7 Impianto pilota di arricchimento del combustibile: impianto di arricchimento del combustibile
8 Reattore ad acqua pesante Ir-40; impianto di produzione di acqua pesante
9 Il più grande complesso di ricerca nucleare del Paese; centro di tecnologia nucleare; impianto di conversione dell'uranio; impianto di lavorazione del combustibile
10 Miniera di uranio
11 Impianto di estrazione dell'uranio
12 Reattore ad acqua pressurizzata (inizio costruzione 2008)
13 Probabile sito di produzione missilistica
14 Reattore nucleare attivo ad acqua leggera da 1000 MW; due reattori in progetto
15 Miniera e impianto di estrazione dell'uranio
Paesi in pace con Israele
Paesi firmatari originali degli Accordi di Abramo più Giordania e Egitto
Paese che sta trattando l'ingresso

violentare le donne, perché non ha alcun vincolo, mentre Israele, per difendersi, è vincolata dalle norme del diritto internazionale. Ci troviamo davanti a una sfida esistenziale contro Israele pensata da una nazione come l'Iran che, non dimentichiamolo, vanta la scoperta degli scacchi.»

IL DUELLO IRAN-USA

All'ombra del conflitto fra Hamas e Israele, Teheran conduce una campagna militare parallela per obbligare gli Stati Uniti a smantellare le proprie basi in Siria e Iraq, così da raggiungere un importante obiettivo strategico, la realizzazione della Mezzaluna sciita: la continuità geografica fra i suoi territori e quelli controllati da alleati e milizie, riuscendo a collegare Teheran a Beirut, il Golfo Persico al Mediterraneo.

A descrivere la «guerra ombra» dell'Iran sono i numeri: dal 17 ottobre 2023, dieci giorni dopo l'attacco di Hamas contro Israele, le Guardie della rivoluzione e le milizie loro alleate hanno lanciato centinaia di attacchi contro le basi Usa in Iraq e Siria. Si tratta di installazioni create dal Pentagono per sostenere – dal 2014 al 2018 – la campagna della coalizione internazionale contro lo Stato Islamico e dove rimangono un totale di 2900 militari – 2000 in Iraq e 900 in Siria – per continuare a fronteggiare i gruppi jihadisti ancora pericolosi nel cuore di Bilad al-Sham, come Abu Bakr al-Baghdadi chiamava questa regione. Sebbene si tratti di contingenti ridotti, Teheran li considera un serio ostacolo strategico al progetto della Mezzaluna sciita per realizzare la continuità territoriale fra Iran, Iraq, Siria e Libano che ha due obiettivi. Primo: coronare il sogno sciita di incunearsi fisicamente nel cuore dell'islam sunnita, come non gli è mai riuscito nel corso della storia. Secondo: avere un'«autostrada» grazie alla quale far affluire via terra ogni sorta di armamenti per rafforzare la pressione militare di Hezbollah contro Israele, tanto dal Libano del Sud che dalle alture del Golan in Siria. Non a caso la base americana che viene più bersagliata in assoluto è Al-Tanf, in Siria, a sudovest dell'Eufrate, incuneata fra i confini di Iraq e Giordania, perché si trova esattamente sul tracciato della Mezzaluna sciita, a breve distanza dall'area di Al-Bukamal dove le Guardie della rivoluzione iraniana hanno una delle basi più importanti, sede tanto della Forza al-Quds che delle milizie irachene Kata'ib Hezbollah. Il bilancio americano è di almeno sessanta feriti, ma ciò che più preoccupa Washington è l'intensità degli attacchi – condotti con droni, mortai e missili rudimentali – il cui evidente intento è di rendere impossibile la permanenza del contingente ad Al-Tanf, obbligando gli Stati Uniti ad abbandonare anche le altre basi minori nel deserto orientale della Siria. Da qui la decisione del Pentagono di rispondere con raid aerei mirati contro le basi delle Guardie della rivoluzione da cui sono partiti gli attacchi, in uno scontro militare diretto fra i due Paesi, la cui importanza strategica non ha avuto il debito risalto solo per la contemporaneità con la guerra a Gaza.[5] Ed è una coincidenza che fa riflettere perché nel 1991 Hafiz Assad – padre dell'attuale presidente siriano Bashar, alleato di ferro di Teheran – ottenne il pieno controllo del Libano sfruttando abilmente la Prima guerra del Golfo, allora in corso da parte della coalizione internazionale guidata dagli Usa per liberare il Kuwait invaso dall'Iraq di Saddam Hussein. Farsi scudo con un conflitto per perseguire un proprio obiettivo

5. Copp, Tara – Zeyad, Abdulrahman – Baldor, Lolita C., *Us hits hard at militias in Iraq and Syria, retaliating for fatal drone attack*, Associated Press, 6 febbraio 2024.

strategico è una tattica antica che ora gli ayatollah di Teheran stanno abilmente adoperando, per coronare il disegno geomilitare frutto della mente di Qassem Soleimani ed ereditato dal successore Esmail Qaani. Un altro tassello del piano iraniano è la fornitura al regime di Assad del sistema antimissile Khordad-15 – costruito sul modello dei patriot – al fine di ostacolare in maniera significativa le operazioni dei velivoli americani e israeliani sui cieli di Siria e Libano, creando un ombrello antiaereo capace di proteggere le attività sul terreno di Hezbollah e milizie sciite alleate provenienti da Iraq, Pakistan e Afghanistan.

È questa operazione iraniana per cacciare i soldati Usa da Siria e Iraq che aiuta a comprendere la scelta di Hassan Nasrallah, leader di Hezbollah poi eliminato dall'Idf, di mantenere sempre a un livello di guardia – sebbene con intensità crescente – le operazioni belliche contro Israele dal Libano del Sud, pur esprimendo a parole una forte solidarietà con Hamas. Hezbollah non ha interesse a una guerra totale contro Israele, perché la priorità degli ayatollah è evitare l'implosione del Libano e far cadere la base Usa di Al-Tanf.

È uno scenario che aiuta a comprendere il crescente ruolo di Teheran come potenza regionale che aspira a diventare leader del Medio Oriente facendo leva sulla campagna ideologico-militare per la distruzione dello Stato ebraico: mentre Hamas da Gaza impegna l'esercito israeliano in combattimenti urbani e sotterranei destinati a durare nel tempo, usando 2,3 milioni di civili palestinesi come scudi umani, e i ribelli yemeniti filoiraniani Houti lanciano missili contro lo Stato ebraico, lontano dai riflettori le Guardie della rivoluzione bersagliano senza sosta le truppe americane al fine di realizzare la Mezzaluna sciita destinata a tenere in scacco l'intero Medio Oriente. A ben vedere, forse è proprio questo scenario che ha spinto l'Arabia Saudita e i Paesi arabi firmatari degli accordi di pace con Israele – Emirati, Bahrein, Marocco, Sudan, Egitto e Giordania – a impedire lo slittamento della Lega Araba su posizioni filoiraniane dopo il 7 ottobre. A dimostrazione che il conflitto a Gaza ha un valore strategico che va ben oltre il brutale scontro Hamas-Israele.

In questa cornice, l'attacco americano contro le milizie filoiraniane, a inizio febbraio 2024, nasce dalla volontà della Casa Bianca di raggiungere tre risultati complementari: risollevare la credibilità Usa nella regione, mettere sulla difensiva Teheran e porre le premesse per una nuova architettura di sicurezza in Medio Oriente.

Il primo obiettivo è quello più evidente: i militari americani uccisi dai droni lanciati da Kata'ib Hezbollah – milizia filoiraniana in Iraq – contro la base Usa Tower 22 in Giordania costituiscono una sfida diretta alla presenza americana in Medio Oriente, anche perché seguono gli oltre cento lanci di razzi, droni e missili da parte di gruppi simili contro installazioni Usa in Siria e Iraq dall'indomani del pogrom del 7 ottobre scorso messo a segno da Hamas contro Israele.[6] Le milizie filoiraniane perseguono l'obiettivo di sfruttare la guerra innescata da Hamas per obbligare gli Usa a lasciare le basi in Siria e Iraq, al fine di consentire all'Iran di creare una continuità territoriale con Iraq, Siria e Libano realizzando una Mezzaluna sciita capace di collegare Golfo Persico e Mediterraneo, garantendo a Teheran l'egemonia regionale. Biden ha compreso che l'uccisione dei propri soldati è un punto di non ritorno: se l'America non avesse risposto, sarebbe stato evidente a tutti che aveva timore di Teheran e dunque l'equilibrio in Medio Oriente sarebbe inevitabilmente cambiato.

6. Stewart, Phil – Holland, Steve – Ali, Idrees, *Three Us troops killed in Jordan drone strike linked to Iran*, Reuters, 29 gennaio 2024.

E la Casa Bianca sa bene quali prezzi l'America paga quando arretra in Medio Oriente: a fine agosto del 2013 Biden era il vicepresidente quando Barack Obama decise di fare marcia indietro sull'attacco al Raiss di Damasco, Bashar Assad, colpevole di uso dei gas contro i civili siriani. È da quel momento che il prestigio Usa nella regione è iniziato a diminuire a vantaggio della Russia di Vladimir Putin. E Biden, che all'epoca aveva dei dubbi sulla scelta di Obama in Siria, ora ha voluto evitare di incorrere in un secondo, simile, grave errore. Dunque, prima ha detto con chiarezza che le milizie filoiraniane avevano «varcato una linea rossa» e poi le ha attaccate per fargli capire che devono rispettarla.

Il secondo obiettivo dei raid del Pentagono, avvenuti in più occasioni durante il 2024, ha a che vedere con l'equilibrio di forza Washington-Teheran. Se guardiamo con attenzione a quali target sono stati colpiti dai jet Usa ci accorgiamo che si tratta, in gran parte, di infrastrutture militari e di intelligence della Forza al-Quds, ovvero le unità delle Guardie della rivoluzione iraniana che «operano fuori dai confini dell'Iran e consentono a Teheran di condurre guerre per procura senza esporsi direttamente alle conseguenze», come spiega il politologo Ray Takeyh del Council on Foreign Relations di New York. La Forza al-Quds (Gerusalemme) è riuscita a perfezionare e rafforzare questo network di milizie alleate – con armi, fondi e addestramenti – in Bahrein, Iraq, Libano, Cisgiordania, Gaza, Siria e Yemen sotto il comando del generale Qassem Soleimani e ora il successore Esmail Qaani si sta dimostrando molto abile nel guidarlo.[7] Basta guardare alla cartina del Medio Oriente per comprendere cosa sta avvenendo: a innescare l'attuale guerra contro Israele è stato

7. *Iran's attack on Israel, with Steven Cook and Ray Takeyh*, podcast a cura di James M. Lindsay, Cfr - Council on Foreign Relations, 16 aprile 2024.

Hamas; in Cisgiordania la Jihad islamica compie attentati e pianifica attacchi simili; dal Libano del Sud gli Hezbollah tengono aperto un secondo fronte di logoramento contro lo Stato ebraico; gli Houthi yemeniti ostacolano la libertà di navigazione internazionale nel Mar Rosso e bersagliano Eilat con droni e missili; in Siria e Iraq sono le basi Usa a essere attaccate. Ovvero, i singoli tasselli del network di milizie fedeli alla Forza al-Quds combattono, ogni giorno, seguendo il disegno di Ali Khamenei, il leader supremo della rivoluzione islamica che è anche il più importante fornitore di droni e missili per le truppe russe protagoniste dell'aggressione all'Ucraina.

Questo network filoiraniano è il più formidabile avversario militare di Washington perché se Hamas e Hezbollah hanno la priorità di distruggere Israele, gli Houthi di minacciare il Mar Rosso e Kata'ib Hezbollah di ipotecare il futuro dell'Iraq, è la Forza al-Quds che tiene le redini del tutto al fine di espellere Washington dalla regione. Dunque, colpire le milizie filoiraniane significa mettere Teheran sulla difensiva.

Il terzo obiettivo di Biden guarda invece più lontano. Risollevare la credibilità Usa nella regione e mettere sulla difensiva Teheran serve infatti per aprire la strada al progetto Usa di un nuovo assetto di sicurezza regionale a cui stanno lavorando il segretario di Stato Antony Blinken, il consigliere per la sicurezza nazionale Jake Sullivan e il capo della Cia William Burns. Ecco di cosa si tratta: sfruttare la sconfitta militare di Hamas a Gaza e la ricostruzione della Striscia per rivitalizzare il negoziato sugli Accordi di Abramo fra Arabia Saudita e Israele, puntando ad arrivare a un accordo regionale di pace capace non solo di chiudere il conflitto israelopalestinese ma anche di creare una regione di sicurezza e sviluppo che faccia da ponte geoeconomico fra l'India e l'Europa

MEDIO ORIENTE E ASIA CENTRALE
CORRIDOI ECONOMICI

Questa mappa descrive uno degli scontri più aspri e meno conosciuti fra Usa, Russia e Cina. In palio ci sono le rotte commerciali di beni e servizi fra Oriente e Occidente, che attraversano Asia centrale e Medio Oriente. Gli Stati Uniti sostengono il progetto I2U2 che parte dall'India, passa attraverso penisola arabica e Israele, e varca il Mediterraneo verso l'Europa. Per la Cina invece la Nuova via della seta è una dorsale di infrastrutture che parte da Pechino per articolarsi via terra e mare, con la rotta marittima che dal porto pakistano di Gwadar attraversa il Mar Rosso e passa per Suez prima di arrivare nel Mediterraneo. Ma c'è anche una terza rotta: parte dalle coste iraniana sul Golfo e, attraversando il Mar Caspio, passa per Mosca prima di raggiungere l'Artico. In questo caso è la Russia a essere il cuore dei commerci. Si tratta di progetti alternativi e concorrenti che possono rivoluzionare buona parte del commercio internazionale e dunque della distribuzione della ricchezza globale.

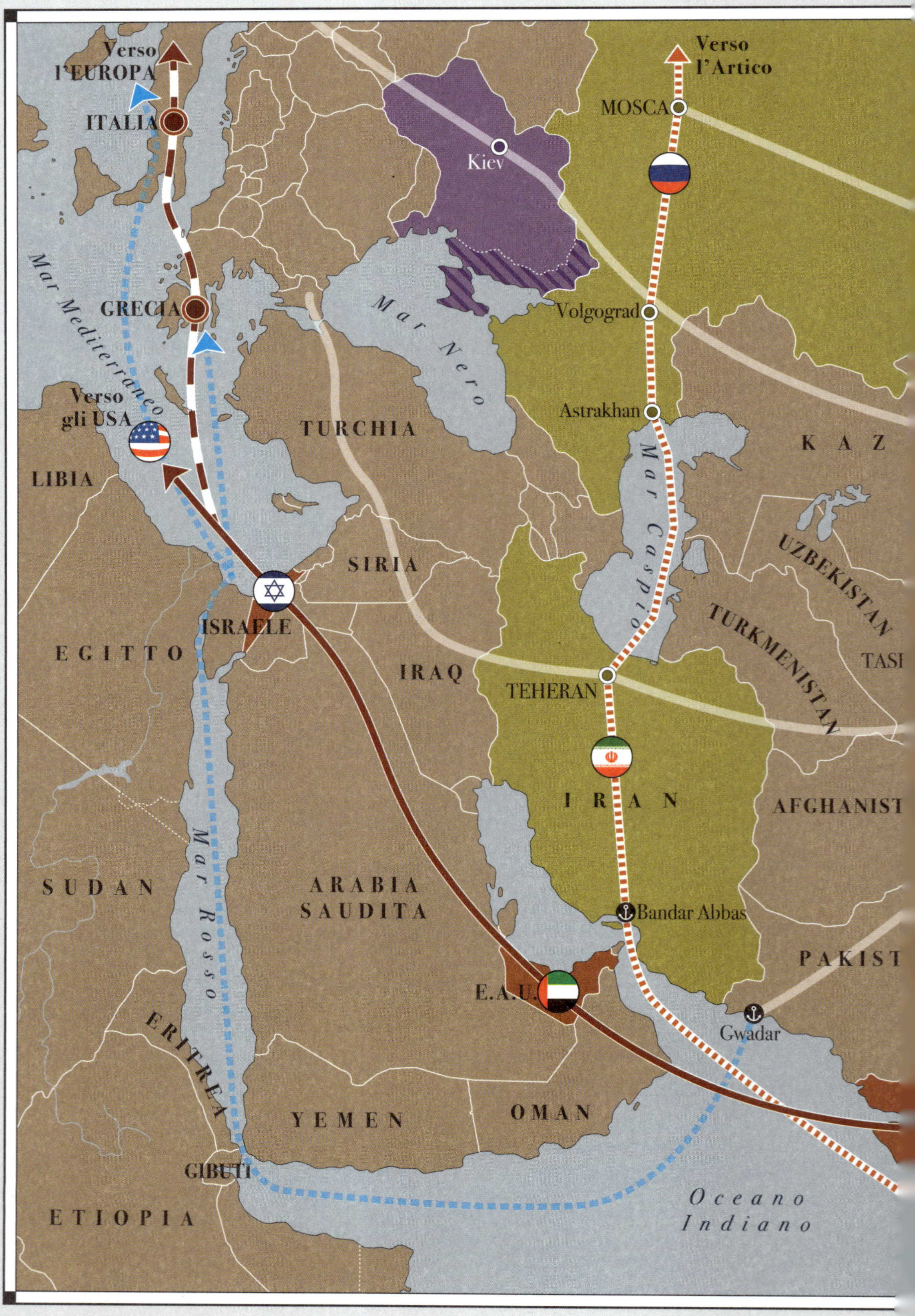
Verso
l'EUROPA
Verso
l'Artico
MOSCA
ITALIA
Kiev
Mar Mediterraneo
GRECIA
Mar Nero
Volgograd
Verso
gli USA
Astrakhan
TURCHIA
LIBIA
K A Z
Mar Caspio
UZBEKISTAN
SIRIA
ISRAELE
TURKMENISTAN
EGITTO
IRAQ
TASI
TEHERAN
IRAN
AFGHANIST
SUDAN
Mar Rosso
ARABIA
SAUDITA
Bandar Abbas
PAKIST
E.A.U.
ERITREA
Gwadar
YEMEN
OMAN
GIBUTI
Oceano
Indiano
ETIOPIA

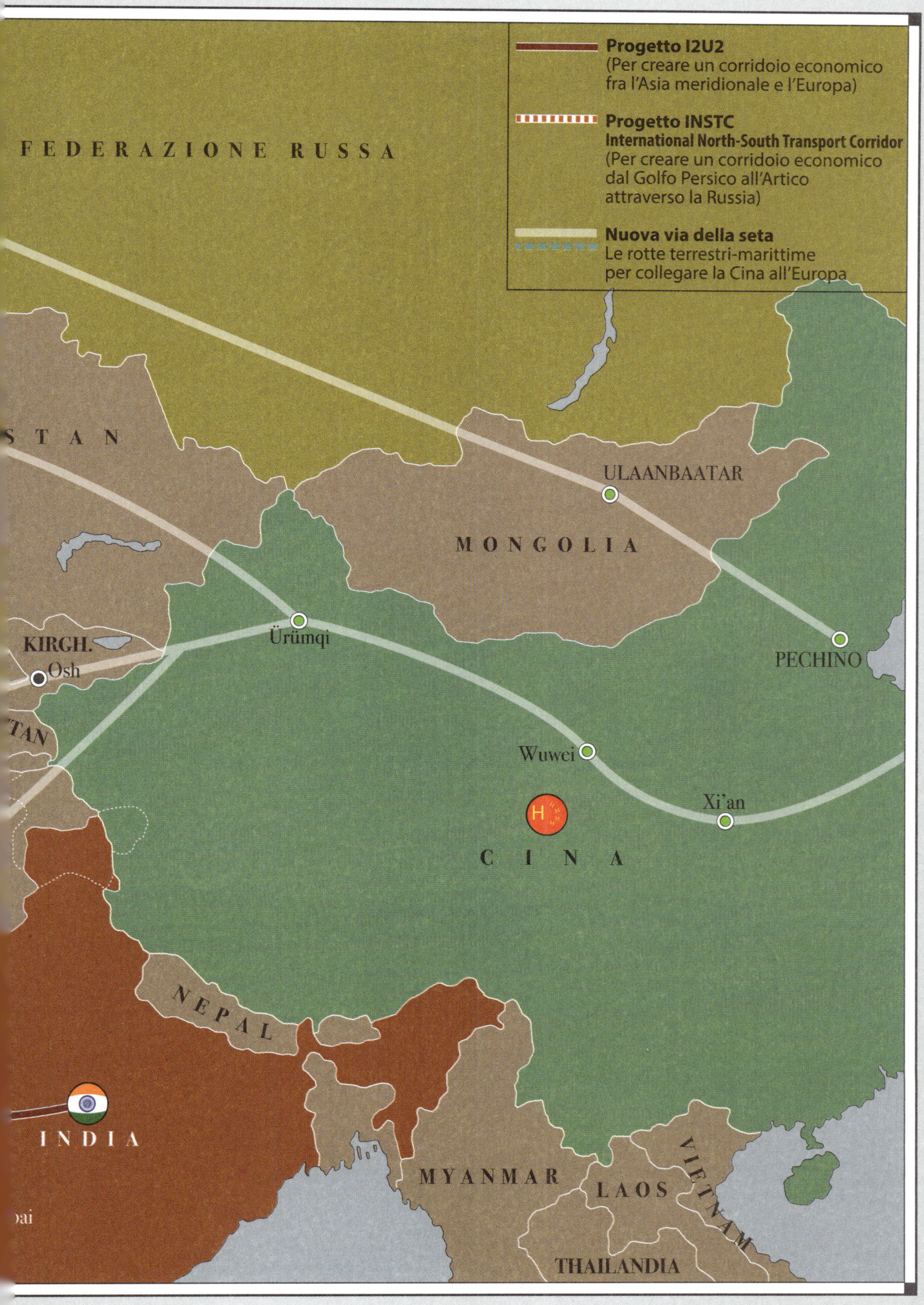
Progetto I2U2
(Per creare un corridoio economico fra l'Asia meridionale e l'Europa)
Progetto INSTC
International North-South Transport Corridor
(Per creare un corridoio economico dal Golfo Persico all'Artico attraverso la Russia)
Nuova via della seta
Le rotte terrestri-marittime per collegare la Cina all'Europa
FEDERAZIONE RUSSA
STAN
ULAANBAATAR
MONGOLIA
KIRGH.
Osh
Ürümqi
PECHINO
TAN
Wuwei
Xi'an
H
CINA
NEPAL
INDIA
MYANMAR
LAOS
VIETNAM
THAILANDIA
bai

occidentale. La Casa Bianca vede il Medio Oriente come un tassello della sfida globale con Russia e Cina: se Putin favorisce gli incendi per creare instabilità anti-Usa e Xi lo considera una pedina della Nuova via della seta, Washington lavora sullo scenario di un'integrazione fra risorse economiche arabe e alta tecnologia israeliana per collegare India, Arabia Saudita, Emirati Arabi e Israele ai mercati europei, innescando un potenziale motore di crescita globale. È una partita ancora all'orizzonte e disseminata di ostacoli – dal dopoguerra a Gaza al negoziato israelopalestinese – ma aiuta a capire qual'è per Washington l'ambiziosa posta in palio.[8]

LIBERTÀ DEI MARI IN OSTAGGIO

Dalle milizie filoiraniane nel Mar Rosso ai pirati nello Stretto di Malacca, dai droni sottomarini nel Mar Nero alle dispute sugli arcipelaghi del Mar Cinese Meridionale: la libertà di navigazione sui mari è oggi a rischio come mai avvenuto dal 1945, ponendo pericoli in crescita al commercio globale. Poiché oltre l'80 per cento dei beni scambiati sul pianeta si muove su nave – secondo le stime dell'Onu – quanto sta avvenendo nelle diverse aree di conflitto deve essere letto come una minaccia globale, la cui entità incombe su ogni singolo Paese, a prescindere dall'entità del proprio Pil.

Per comprendere questo scenario bisogna, come abbiamo già visto, partire dalla geografia, in quanto sono le rotte commerciali che uniscono i continenti a subire gli impatti più negativi. Il primo

8. Markey, Daniel – Youssef, Hesham, *What you need to know about the I2U2*, United States Institute of Peace, 28 luglio 2022.

tassello è quello del Mar Nero, dove la guerra scatenata due anni fa dalla Russia contro l'Ucraina ha messo a rischio la rotta attraverso cui si esporta la maggiore quantità di grano al mondo. Lo scontro navale fra Mosca e Kiev sulle acque del Mar Nero – condotto non più solo con le unità tradizionali della Marina ma con armi avveniristiche come i droni sottomarini – non solo ha fatto diminuire l'export ma ha portato anche all'aumento vertiginoso dei costi delle assicurazioni, con il risultato di trasformare un alimento base per miliardi di persone in un bene ad alto rischio. La cui sorte è legata a negoziati indiretti e altalenanti fra due Stati protagonisti di un conflitto che ha già causato – secondo le stime più caute – almeno 500.000 morti: Russia e Ucraina.

Altrettanto pericoloso è quanto sta avvenendo nello Stretto di Bab el-Mandeb, all'entrata del Mar Rosso, dove le milizie filoiraniane degli Houthi yemeniti da tempo hanno iniziato a bersagliare le navi commerciali in transito. Sebbene gli Houthi – addestrati, armati e finanziati da Teheran – affermino di voler colpire solo le navi israeliane, al fine di sostenere la guerra lanciata da Hamas il 7 ottobre contro lo Stato ebraico, in realtà i cargo che colpiscono con droni e missili sono delle più differenti nazionalità. Il risultato, secondo la Conferenza sul commercio e lo sviluppo dell'Onu, è una diminuzione del 40 per cento del traffico nel Canale di Suez, attraverso il quale nel 2023 è passato il 22 per cento del commercio globale. Il Paese che più sta pagando le conseguenze degli attacchi degli Houthi è l'Egitto perché, come il presidente Abdel Fattah al-Sisi ha ammesso, le entrate derivanti dal canale sono scese del 40 per cento, con gravissime conseguenze per il Pil nazionale che dipende per il 2,3 per cento proprio dai pedaggi pagati. Da qui l'allarme di Arsenio Dominguez, segretario generale dell'Organizzazione marittima internazionale dell'Onu, sulla necessità di proteggere la rotta del Canale di Suez che unisce l'Estremo Oriente al Mediterraneo e all'Atlantico.[9]

Si comprende dunque l'importanza dell'intervento militare di Stati Uniti e Gran Bretagna a protezione della libertà di navigazione nel Mar Rosso, con l'appoggio della missione europea Aspide e anche di unità di singoli Paesi della regione, dal Bahrein allo Sri Lanka. Per Washington e Londra si tratta della più estesa operazione a difesa della libertà dei mari da quando, durante la Seconda guerra mondiale, proteggevano il traffico navale nell'Oceano Atlantico dagli attacchi degli U-Boot del Terzo Reich. E anche oggi l'aspetto strategico della missione è rilevante: gli Houthi operano per conto dell'Iran che, secondo fonti militari a Washington, spesso suggerisce anche gli obiettivi da colpire, usando navi e postazioni di intelligence sul Mar Rosso. Il ruolo di Teheran è diventato più evidente quando, in gennaio, gli Houthi hanno fatto sapere che avrebbero garantito il «libero passaggio» solo alle navi russe e cinesi, rendendo evidente l'intenzione di essere la pedina di una sfida globale assai più ampia, il cui intento è danneggiare i Paesi occidentali e chiunque ha rapporti commerciali con loro. Ecco perché bisogna ascoltare l'ex ammiraglio americano James Stavridis, già comandante supremo delle truppe alleate in Europa, quando ammette al «Wall Street Journal» che «durante tutta la mia vita da ufficiale della Marina non ho mai assistito a una sfida così intensa sugli oceani del pianeta».[10]

In effetti, oltre a Mar Nero e Mar Rosso, a essere ad alto rischio sono anche gli stretti di Taiwan e più in generale il Mar Cinese

9. *Alarmed by attacks on ships in Red Sea, top Un officials urge protection of global supply chains, avoiding deeper regional tensions, in security council briefing*, Press.un.org, 3 gennaio 2024.

10. Hinshaw, Drew – Michaels, Daniel, *On the high seas, a pillar of global trade is under attack*, «The Wall Street Journal», 1° febbraio 2024.

Meridionale dove la flotta militare di Pechino – divenuta quella con più navi in assoluto – è costantemente all'opera per affermare il proprio controllo su acque e arcipelaghi contesi, dalle Filippine al Vietnam, oltre alle violazioni costanti ai danni di Taipei, mirate ad attestare con la forza l'ambizione a porre fine all'indipendenza dell'isola nazionalista. Come se non bastasse, c'è anche il fattore pirati: dagli stretti di Malacca alle coste del Corno d'Africa fino alle acque del Golfo di Guinea dove, proprio a seguito della riduzione del traffico a Suez, transita un numero crescente di cargo commerciali impegnati nella circumnavigazione dell'Africa.

Se a tutto ciò aggiungiamo la siccità che, a causa dei cambiamenti climatici, ha colpito il Canale di Panama abbassando le sue acque come mai avvenuto prima – portando a una riduzione del traffico del 40 per cento – non è difficile arrivare alla conclusione che quanto sta avvenendo negli oceani pone rischi crescenti alle attuali geometrie del commercio globale. Si spiega quindi perché la Russia di Vladimir Putin è così interessata allo scongelamento del Passaggio a nordovest, la rotta artica che potrebbe consegnare a Mosca una scorciatoia nei trasporti marittimi fra Siberia e Canada capace di rivoluzionare il «grande gioco» negli oceani.

DETERRENZA IBRIDA

L'operazione che nel settembre 2024 fa esplodere a distanza, in Libano e Siria, migliaia di cercapersone dei paramilitari filoiraniani segna il debutto di una inedita tattica militare ibrida: l'uso combinato di alta tecnologia e intelligence a fini di deterrenza strategica.

La deterrenza serve a tenere lontani i nemici. Nel deserto, fatto di sabbia, è la tattica più antica delle tribù rivali perché consente ad avversari feroci di coesistere in spazi ristretti senza confini delimitati. A livello globale, durante la Guerra fredda, Usa e Urss si affidarono entrambi al nucleare per sancire la deterrenza reciproca grazie alla dottrina della «mutua distruzione assicurata» mentre, in Medio Oriente, Israele dal 1967 ha puntato sulla netta superiorità militare nei confronti degli Stati nemici per convincerli a rinunciare ad attaccare.

Ma la deterrenza israeliana si è progressivamente indebolita: prima per l'attacco a sorpresa subito da Egitto e Siria nel 1973 e poi, in maniera più significativa, per l'incapacità di mettere sulla difensiva, nel corso degli ultimi diciotto anni, due organizzazioni terroristiche, Hamas e Hezbollah, presenti in forze lungo i propri confini.

Tale incapacità si è manifestata per la prima volta in maniera netta nel 2006 in Libano, quando al termine del conflitto con Israele la milizia filoiraniana si impegnò a ritirarsi oltre il fiume Litani, nel Sud, ma poi fece l'esatto contrario rafforzando la presenza militare davanti alla Galilea, facendosi beffa non solo della risoluzione 1701 dell'Onu e del contingente Unifil ma anche dell'esercito israeliano lungo i confini. Fino al punto di posizionare proprie tende a cavallo della frontiera, nella zona contesa di Shebaa, nell'estate 2023, e di vantarsi, negli ultimi mesi, di poter colpire con missili e droni ogni angolo dello Stato ebraico, incurante di ritorsioni. Con l'attacco del 7 ottobre 2023 Hamas ha poi inferto il colpo più duro alla deterrenza israeliana, dimostrando di poter invadere il Negev occidentale, fare strage di civili e rapire centinaia di ostaggi violando un confine che si immaginava superprotetto e beffando l'esercito di Gerusalemme.

La difficoltà di Israele nel fronteggiare la doppia sfida di Hamas e Hezbollah è diventata da quel momento ancor più evidente perché si tratta del confronto fra uno Stato sovrano e due organizzazioni terroristiche dove il primo – essendo anche una democrazia – deve rispondere alla propria opinione pubblica e anche alle regole del diritto internazionale – come sta avvenendo davanti alla Corte dell'Aja – mentre i successori di Hassan Nasrallah e Yahya Sinwar non hanno alcun vincolo. Perché il loro unico obbligo è, è stato e sarà di seguire le indicazioni dell'Iran che li arma e finanzia.

Da qui il fatto che la deterrenza israeliana si è molto indebolita per il lampante motivo che il nemico non è più costituito da uno o più Stati ma da organizzazioni paramilitari, che sfuggono a ogni regola: non si curano della protezione dei civili, non hanno Paesi di cui rispondere e non hanno leggi internazionali da rispettare. Tanto il Libano per Hezbollah che la Striscia di Gaza per Hamas sono solo delle piattaforme territoriali da sfruttare in ogni modo per colpire Israele e raggiungere l'obiettivo strategico di Teheran di annientare «l'entità sionista».

La feroce guerra di Gaza, con un alto bilancio di vittime civili palestinesi, è lì a testimoniare proprio la difficoltà che Israele ha di difendersi ricorrendo alla superiorità militare classica.

L'esplosione a distanza dei cercapersone di Hezbollah da cui siamo partiti è la contromossa con cui Israele cerca di modificare tale dinamica perché vede l'impiego di una miscela di intelligence e alta tecnologia per esercitare deterrenza nei confronti dei singoli combattenti nemici, puntando a indebolire dal di dentro l'organizzazione paramilitare. Colpire personalmente, nell'arco di poche ore, migliaia di miliziani Hezbollah significa aver messo a segno la più estesa operazione di antiterrorismo finora conosciuta. La cui finalità non è la sconfitta militare di tipo tradizionale dell'avversario, ma la sua implosione interna, diffondendo panico e incertezza. Tantopiù che per Hezbollah la segretezza dell'identità di militari e comandanti è sempre stata uno degli elementi di maggiore forza. Se dunque Hezbollah e Hamas hanno indebolito, dal 2006 in poi, la deterrenza di Israele dimostrando che uno Stato tradizionale è in difficoltà a difendersi con l'esercito convenzionale dall'assedio di gruppi terroristi, ora lo Stato ebraico risponde facendo leva su una miscela di hi-tech e intelligence per generare una nuova tipologia di deterrenza: l'obiettivo non sono più gli Stati ma gli individui nemici, e il fine non è spingere gli eserciti a fermarsi ma convincere i singoli della propria vulnerabilità e spingerli a cessare di combattere. Per questo sono stati eliminati Yahya Sinwar, Mohammed Deif, Ismail Haniyeh e Hassan Nasrallah.

È certamente presto per affermare se tale deterrenza hi-tech – molti aspetti della quale restano sconosciuti – avrà effetto su Hezbollah e Hamas, ma quanto afferma Yoav Gallant, ministro della Difesa di Israele, sull'inizio di una «nuova fase del conflitto» ci dice che il campo di battaglia del Medio Oriente sta diventando il laboratorio di metodi ibridi di fronteggiare la sfida terrorista.

Così come la cooperazione fra Stati Uniti, Gran Bretagna, Francia e Paesi sunniti per contribuire alla difesa antiaerea di Israele in occasione dell'attacco iraniano nella notte fra il 13 e 14 aprile 2024 ha attestato la possibilità dell'alta tecnologia occidentale di proteggere i cieli di un singolo Paese.

Ovvero, come già avvenuto durante la Guerra fredda anche ora il Medio Oriente si dimostra essere il laboratorio di metodi di difesa da minacce che non hanno precedenti: deterrenza ibrida – hi-tech e intelligence – contro organizzazioni terroristiche, scudo antiaereo multilaterale per fermare una pioggia di droni e missili.

BANDIERA RUSSA SUL GOLAN

Nel Medio Oriente teatro dello scontro fra Iran e Israele spicca una novità: la bandiera della Federazione Russa sventola sul Golan. Dall'inizio del 2024 le forze armate di Mosca hanno creato almeno tre diverse basi militari e quattordici punti di osservazione sul lato siriano delle alture del Golan, al confine con Israele, mentre unità di polizia russa hanno iniziato a operare con regolarità nelle province di Quneitra e Daraa, immediatamente a ridosso della frontiera. È la prima volta dalla nascita dello Stato di Israele, nel 1948, che un così alto numero di soldati e mezzi si trovano sul lato opposto del confine, evidenziando l'aumento della presenza russa nella regione.

Le forze russe sono presenti in Siria dal settembre del 2015, quando il presidente Vladimir Putin le invia per sostenere il regime di Bashar Assad che sta per essere travolto dalla guerra civile, e da allora estendono la loro presenza sul terreno, rafforzando in particolare le basi di Latakia e Tartus sul Mediterraneo. Ma questa è la prima volta che si insediano a poche centinaia di metri dalle linee israeliane, sulle alture che Damasco perse nella guerra del 1967, furono teatro della guerra del 1973 e Israele ha annesso nel 1981, rendendole una delle regioni più fortificate – da entrambi i lati del confine – del Medio Oriente. In particolare, la Russia sta moltiplicando i posti di osservazione nelle località più strategiche: da Bir al-Ajam ad Al-Maalaka, sempre a ovest di Quneitra, da dove la visuale sul lato israeliano è più vasta.[11]

Da qui l'interrogativo sul perché il Cremlino abbia deciso di creare delle proprie basi e, al tempo stesso, di iniziare a costruire

11. Ben-Yishai Ron, *Words into action: Russia bolsters presence along syrian border*, Ynetnews.com, 21 gennaio 2024.

delle fortificazioni che possono trasformarsi in una sorta di frontiera armata fra la Russia e Israele. L'unico precedente noto di una linea militare terrestre sotto controllo russo nella regione del Mediterraneo, dopo la fine della Guerra fredda, è quella che è stata costruita in Libia attorno al 2021-2022 per dividere la Cirenaica dalla Tripolitania, al fine di proteggere la stabilità del controllo da parte delle milizie del generale Khalifa Haftar su Bengasi. Ma all'epoca l'operazione venne gestita dai mercenari della Brigata Wagner, mentre in questa occasione si tratta delle forze armate russe vere e proprie, che rispondono alla Difesa del Cremlino. E agiscono con voluta visibilità: muovono mezzi militari, costruiscono installazioni, fanno l'alzabandiera, suonano l'inno nazionale e presidiano bunker, vecchi e nuovi, dai quali si osservano con chiarezza i centri civili israeliani che si trovano davanti a loro. Insomma, fanno di tutto per farsi notare, come avveniva per gli avamposti degli imperi europei nei secoli passati.

L'interrogativo su quanto sta avvenendo è legittimo: da un lato Mosca non ha alcun bisogno di rafforzare il controllo sulla Siria che già possiede – con il pieno consenso del regime di Bashar Assad – e dall'altro non c'è alcuna tensione militare bilaterale con Israele capace di giustificare una simile mossa sul terreno.

Dunque, cosa sta accadendo? In assenza di spiegazioni ufficiali da parte del Cremlino, più fonti occidentali che osservano la situazione sul Golan notano come la decisione di Mosca sarebbe la cartina tornasole della sovrapposizione fra i conflitti in Ucraina e in Medio Oriente. Il motivo è che la crescente intensità di attività militare israeliana ai confini con Libano e Siria, a causa degli scontri quotidiani con Hezbollah e altre milizie filoiraniane, ulteriormente intensificati dopo l'attacco iraniano a Israele con droni e missili, consente ai russi di osservare con facilità, da vicino, il funzionamento, offensivo e difensivo, di armamenti americani che lo Stato ebraico possiede e che i russi ritengono siano spesso assai simili a quelli che il Pentagono da oltre due anni sta fornendo alle truppe di Kiev.

L'attenzione si concentra soprattutto su droni, missili e difese antiaeree. Ovvero, Mosca ritiene che raccogliere informazioni sulle operazioni militari israeliane contro Hezbollah e pasdaran possa aiutare le proprie truppe a meglio conoscere gli armamenti americani con cui si trova a duellare sui cieli ucraini. Basi militari, forti e punti di osservazione russi sul Golan servirebbero dunque per una operazione di intelligence molto sofisticata, il cui fine è comprendere meglio, a fondo, come tutta una serie di armi americane operano in teatro di combattimento.

Ciò che colpisce di questo scenario è l'analogia con quanto le forze Usa facevano durante la Guerra fredda in Medio Oriente – ma al contrario – sfruttando i conflitti arabo-israeliani per studiare da vicino le armi russe che il Cremlino forniva agli eserciti di Damasco e al Cairo. Allora si trattava soprattutto di carri armati, aerei Mig, radar e batterie antimissile sovietiche, di cui in effetti il Pentagono apprese molti segreti grazie all'alleanza con Israele, mentre adesso l'interesse di Mosca si concentra sui droni israeliani di fabbricazione Usa, per il semplice fatto che Kiev li adopera con crescente intensità per bersagliare le forze avversarie tanto in Ucraina quanto dentro il territorio russo.

Da qui la considerazione che il Cremlino stia operando nel quadro del conflitto mediorientale, iniziato il 7 ottobre 2023 con l'attacco di Hamas contro Israele, non solo con il fine di potenziare l'intesa strategica con Teheran, appoggiare il gruppo jihadista per rafforzarsi nella regione e distrarre risorse americane dal sostegno all'Ucraina, ma anche per raccogliere informazioni cruciali al fine di imporsi militarmente sulle forze di Zelensky.

Dimostrando di avere sempre più un approccio strategico integrato alla regione del Mediterraneo, considerandola un unico grande scacchiere di confronto contro gli Stati Uniti e i loro alleati, nello specifico Ucraina e Israele.

In questa cornice è interessante notare come gli attacchi aerei israeliani contro obiettivi dei pasdaran in Siria, con un bilancio di perdite militari iraniane e siriane insolitamente alto, dimostri la capacità delle forze di Gerusalemme di violare gli spazi aerei più sorvegliati dalle difese russe – a causa della vicinanza con le basi di Tartus e Latakia. Se ne deduce che questa vulnerabilità venga studiata da Mosca sempre nell'ottica delle implicazioni sullo scenario ucraino.

A rendere il tutto ancor più complesso c'è il coordinamento non dichiarato fra le forze russe e israeliane, in vigore dal 2015, sul teatro siriano, in base al quale Gerusalemme non ostacola le attività di Mosca a sostegno di Assad e Mosca non ostacola le azioni di Gerusalemme contro gli Hezbollah e altre forze filoiraniane. Se a questo aggiungiamo che la Repubblica Islamica dell'Iran è il maggior fornitore di droni armati alla Russia sul teatro ucraino, ne esce un quadro militare assai articolato che vede Mosca essere al tempo stesso garante del potere di Assad a Damasco, alleata militare di Teheran, sostenitrice politica di Hamas e rispettare taciti accordi di coordinamento operativo con Gerusalemme in Siria, ma al tempo stesso spiare le attività israeliane al fine di avere successo contro l'Ucraina. Insomma, una finestra sull'estrema sofisticazione della presenza russa in Medio Oriente e nel Mediterraneo, il cui intento è imporsi come potenza dominante nella regione più contesa del globo.

PUTIN SFRUTTA I JIHADISTI

A oltre un anno dall'attacco di Hamas contro Israele appare evidente che il presidente russo, Vladimir Putin, ha deciso di sfruttare il conflitto in Medio Oriente per aprire un nuovo fronte di sfida contro gli Stati Uniti e, più in generale, l'Occidente.

Le mosse del Cremlino parlano da sole. La prima decisione di Putin è stata di non condannare a chiare lettere il pogrom di Hamas che, il 7 ottobre, ha ucciso almeno 1200 israeliani, ferendone altri 5600 e deportandone a Gaza almeno 230. Nelle quarantott'ore seguenti, Mosca ha imputato le violenze avvenute al «sistema neocoloniale delle relazioni internazionali», parlando di «chiaro esempio del fallimento Usa in Medio Oriente». E il suo ministro degli Esteri, Sergej Lavrov, incontrando la Lega Araba, ha aggiunto: «È la politica divisiva americana a generare il conflitto in Medio Oriente». Da qui i ringraziamenti di Hamas al capo del Cremlino per «il sostegno davanti all'attacco sionista» e la visita a Mosca di Bassem Naim e Abu Marzuk, alti funzionari dell'organizzazione jihadista che nel 2007 conquistò la Striscia di Gaza cacciando con le armi l'Autorità nazionale palestinese.[12] Se a questo aggiungiamo la freddezza di Putin nelle telefonate con il premier israeliano Benjamin Netanyahu, il sostegno di Mosca a Hamas in seno al Consiglio di sicurezza dell'Onu – impedendo in più occasioni la condanna dell'attacco del 7 ottobre – e la copertura unilaterale del conflitto nella Striscia da parte di molte tv russe, non è difficile arrivare alla conclusione che il Cremlino ha compiuto una netta scelta di campo.

12. Nechepurenko, Ivan, *Hamas leaders arrive in Moscow as the Kremlin attempts to showcase its clout*, «The New York Times», 26 ottobre 2023.

Davanti alla carneficina causata da Hamas nei villaggi civili del Negev occidentale, dentro i confini di Israele riconosciuti dalla comunità internazionale, Putin si è trovato davanti a un bivio: poteva schierarsi con la nazione aggredita, da lui stesso definita in più occasioni «l'unico Paese russofono fuori dai confini dell'ex Urss» – nonché uno stretto alleato degli Usa che non ha applicato le sanzioni alla Russia per la guerra in Ucraina –, oppure poteva scegliere Hamas in ragione del patto militare con gli ayatollah di Teheran – protettori dei fondamentalisti a Gaza – testimoniato dalle forniture di droni iraniani alle truppe russe in Crimea. Se il patto con Teheran ha prevalso sulla solidarietà «russofona» con Israele – oltre un milione di suoi abitanti provengono dall'ex Urss – è perché Putin ha trovato nella scelta pro-Hamas un formidabile nuovo fronte nella sfida globale all'Occidente.

I motivi dietro questo posizionamento sono tre. Innanzitutto, il conflitto di Gaza ha obbligato gli Stati Uniti a distrarre fondi, risorse e aiuti militari a favore di Israele, indebolendo di conseguenza il sostegno all'Ucraina. In secondo luogo, come ha dichiarato il rappresentante di Hamas Ali Baraka a un canale libanese, «tutti i nemici dell'America nella regione si stanno consultando e avvicinando per trasformare gli Usa in una reliquia del passato, come avvenuto per l'Urss». «Parliamo ogni giorno con la Russia, una nostra delegazione è stata a Mosca e presto andrà a Pechino» ha aggiunto Ali Baraka «e prima o poi anche la Nord Corea interverrà, perché è l'unica che può colpire gli Stati Uniti» grazie ai suoi missili intercontinentali. Ovvero, il legame Mosca-Hamas è solo un tassello di un fronte più vasto, mirato «a far collassare gli Stati Uniti, creazione dell'impero britannico».[13] C'è

13. Yadav, Danita, *«Will collapse like Ussr»: why senior Hamas leader calls Us a «thing of the past»*, Times Now, 4 novembre 2023.

un terzo elemento, l'ondata di antisemitismo che sta dilagando in Occidente: se nella repubblica russa del Daghestan è avvenuto l'episodio più grave, con l'assalto della folla a un aereo arrivato da Israele, in più città europee i manifestanti pro-Hamas hanno innalzato insegne in cui si equipara la stella di David alla svastica nazista. Questo paragone è una sorta di firma della propaganda moscovita: debuttò in Europa all'indomani della Guerra dei sei giorni, nel giugno 1967, quando l'allora Kgb accompagnò la svolta filoaraba del Cremlino con una campagna di delegittimazione di Israele «prodotto del colonialismo» e «nazista» che ha seminato odio e intolleranza in più Paesi – Italia inclusa – fino al termine della Guerra fredda.

Ciò porta a dedurre che il Cremlino possa aver deciso di ricorrere alla stessa velenosa narrativa antisionista-antisemita per contribuire a portare scompiglio nel campo delle democrazie, nella cornice della teoria della guerra ibrida formulata nel 2013 dal generale Valerij Gerasimov per far «implodere l'Occidente dall'interno», facendo leva su divisioni e contraddizioni. Dall'inizio del conflitto in Ucraina tale «dottrina Gerasimov» ha portato Mosca a tentare di dividere gli alleati puntando sulle forze populiste, sulle forniture energetiche e sul tema dei migranti: ora il forte sospetto è che stia soffiando anche sull'odio nei confronti di ebrei e di Israele.

Ma non è tutto, perché nei Paesi del Sahel dove la Brigata Wagner – i mercenari filorussi – è riuscita a insediarsi, come in Mali e Burkina Faso, la campagna che ha portato a cacciare le forze francesi ha cavalcato sempre l'«anticolonialismo» portando anche ad ambigue convergenze con gruppi jihadisti nel Sahara. Per non parlare delle indiscrezioni Nato sulla presenza di inviati della Wagner a Beirut nei giorni precedenti al 7 ottobre e delle rivelazioni del «Wall Street Journal» sull'antiaerea della Wagner schierata a protezione degli Hezbollah in Libano.[14]

E qui si apre un nuovo scenario: la possibilità che la Russia stia usando in maniera spregiudicata il fondamentalismo islamico – in tutte le sue forme, dai sunniti del Sahel agli sciiti di Teheran – per aggredire ovunque i Paesi occidentali, proprio come fece l'Urss ai tempi del Raiss egiziano Gamal Abdel Nasser e del siriano Hafiz Assad sposando la versione più aggressiva del nazionalismo arabo. Il fatto che la Russia di Putin abbia combattuto nel recente passato i fondamentalisti, dalla Cecenia allo Stato Islamico, nulla toglie alla possibilità che il Cremlino ora possa aver scelto di cavalcarlo al fine di incalzare l'Occidente, dal Nord Africa al Medio Oriente. Senza alcun riguardo per la soluzione dei «due popoli, due Stati» in Medio Oriente, che è invece alla base degli accordi di Oslo fra Israele e Autorità nazionale palestinese e che Usa e Ue vogliono ora rilanciare.

Anche perché, se facciamo attenzione al linguaggio delle feluche russe, il sostegno per Hamas avviene sempre sullo sfondo del corteggiamento dei Paesi del Sud globale su temi «anticoloniali», proprio come l'alleanza con Nasser consentì all'Urss di costruire un legame privilegiato con l'allora movimento dei Non Allineati. Dunque, non è un caso che il presidente Usa Joe Biden abbia definito «Hamas e Russia» parte della stessa «sfida alle democrazie», così come Parigi e Londra siano a favore di «un'alleanza anti-Hamas come avvenuto contro Isis»: Ucraina e Israele sono due democrazie alle prese con il tentativo del Cremlino di ridisegnare con la forza, e a suo solo vantaggio, l'architettura di

14. Gordon, Michael R. - Salama, Vivian, *Us says it has intelligence showing Russia's Wagner Group may send air-defense system to Hezbollah*, «The Wall Street Journal», 4 novembre 2023.

sicurezza globale.[15] Da qui la cocente attualità delle parole di Ugo La Malfa, pronunciate nel bel mezzo della Guerra fredda: «La libertà dell'Occidente si difende sotto le mura di Gerusalemme».

FATTORE KHORASAN

Ma ogni guerra ha i suoi imprevisti. E per Putin quello maggiore si chiama Isis. La strage al Crocus City Hall di Mosca, nel marzo del 2024, svela infatti che lo Stato Islamico (Isis) è vivo e vegeto, che Vladimir Putin ha sbagliato a sottovalutarlo e che la jihad globale resta la più feroce minaccia collettiva alla comunità internazionale, anche se il Cremlino continua a ritenere prioritaria l'aggressione dell'Ucraina.

Isis era stato dichiarato sconfitto nel 2019 al termine di una massiccia campagna militare da parte di una coalizione internazionale guidata da Usa, Russia, Paesi europei e musulmani che portò a espugnare la capitale Raqqa, liberare i territori occupati in Siria e Iraq, ed eliminare il suo sanguinario leader, Abu Bakr al-Baghdadi. Da quel momento gli stessi Paesi che avevano sconfitto Isis lo hanno derubricato a uno dei tanti gruppi jihadisti che infestano il mondo dell'islam, dedicando alla lotta contro questo fronte risorse e impegno in rapida diminuzione. Ma il progetto di Isis della creazione di un califfato globale non è affatto scomparso, si è solo trasferito: spostando la sua culla da Bilad al-Sham, in Medio Oriente, al Khorasan, ovvero l'Afghanistan e i territori adiacenti in Pakistan, Iran, Turkmenistan, Tagikistan, Uzbekistan, Kirghizistan e Kazakistan. L'uso della terminologia

15. *Macron calls for anti-Is group international coalition to fight Hamas*, France 24, 24 ottobre 2023.

KHORASAN, CULLA DELLA JIHAD

geografica che evoca la genesi dell'islam serve a mobilitare e reclutare i seguaci più fondamentalisti attorno al miraggio di Hassan al-Banna, il teologo egiziano che reagì alla decisione del leader turco Atatürk di smantellare il Califfato dopo la fine della Prima guerra mondiale lanciando la sfida di ricostruirlo per sconfiggere la modernità occidentale, causa di ogni male.

Il ritiro della Nato da Kabul e il ritorno al potere dei talebani hanno riportato l'Afghanistan nella condizione di spazio ove i jihadisti possono operare e la Provincia del Khorasan di Isis – fondata nel 2015 da un gruppo di talebani pakistani – ha così trovato una nuova piattaforma da cui agire, anche contro gli stessi mullah di Kabul, nell'indifferenza dei più. L'attentato di gennaio a Kerman, in Iran, e quello contro il concerto a Mosca ci dicono dunque che Isis non è affatto sconfitto ma – come spesso avviene per i gruppi jihadisti – ha solo cambiato pelle per continuare a colpire, perseguendo un obiettivo secolare. Ed è interessante a tale riguardo come nella rivendicazione della strage Isis parli di attacchi «contro i cristiani» rilanciando la sfida jihadista alla Russia proprio sul terreno che a Putin è più caro: i valori fondamentali del cristianesimo. È una maniera per fare appello alla notte della storia, al fine di innescare un domino di violenze contro Mosca da parte dei gruppi terroristi islamici dell'Asia centrale.[16]

Si tratta di una sfida brutale che ha colto di sorpresa Putin all'indomani del plebiscito che lo ha confermato al Cremlino e che chiama in causa la scelta strategica da lui fatta dopo la caduta di Raqqa: archiviare la fase di cooperazione antijihadista con l'Occidente, iniziata a seguito degli attacchi dell'11 settembre 2001 di al-Qaida contro gli Stati Uniti, per scegliere invece la sfida

16. Ghaedi, Monir, *Isis-K: brutal Is branch behind Moscow attack*, dw - Deutsche Welle, Berlino, 23 marzo 2024.

aperta alle democrazie puntando a modificare a proprio vantaggio l'equilibrio di sicurezza in Medio Oriente, nel Mediterraneo, in Africa e anche in Europa. È la convinzione di aver battuto Isis, di aver domato i jihadisti lungo i propri confini asiatici, che ha spinto Putin a dedicarsi al confronto aperto contro Usa e Ue, portandolo ad aggredire l'Ucraina il 24 febbraio 2022.

Ma l'assalto di Isis al concerto di Mosca svela che Putin ha commesso un grave errore – non degno di un abile giocatore di scacchi – nel ritenere la jihad un mostro oramai domato. E a ben vedere a confermare l'entità dell'errore compiuto ci sono le non rare complicità operative fra i mercenari della Brigata Wagner e i gruppi jihadisti in Sahel in chiave antioccidentale, così come la scelta del Cremlino di schierarsi con Hamas dopo il pogrom del 7 ottobre scorso contro i villaggi israeliani nel Negev occidentale, confermata dal rifiuto di approvare all'Onu la risoluzione Usa sul cessate il fuoco a Gaza.

Insomma, Putin ha creduto che Isis fosse sconfitta e che i gruppi jihadisti – dal Sahel a Gaza, fino al Mar Rosso – potessero diventare pedine del suo gioco strategico contro le democrazie dell'Occidente ma adesso deve fare i conti con una jihad globale che rialza la testa su più fronti e vede Isis mettere a segno un atto eclatante contro Mosca per riconquistare il centro del palcoscenico del terrore. Anche perché se oggi è il Cremlino la grande potenza percepita come più influente dal Nord Africa all'Afghanistan, è contro di lei che i jihadisti misurano il loro terrore.

Tutto ciò è un evidente campanello d'allarme per le democrazie occidentali: immaginare che Isis sia in declino è l'abbaglio più grande, così come pensare di venire a qualsiasi tipo di patti con Stati, gruppi o individui portatori del terrorismo jihadista significa mettere a rischio la nostra sicurezza. Come osserva Dina Porat, accademica dell'ateneo di Tel Aviv, «l'errore più grave commesso da Israele prima del 7 ottobre è stato immaginare di poter convivere con Hamas lungo i propri confini». Perché la jihad resta la maggiore minaccia alla sicurezza collettiva dell'intera comunità internazionale, a cominciare dai Paesi arabi e musulmani che finora hanno pagato a questi terroristi il più alto prezzo di sangue.

Saranno i prossimi mesi a dirci se Putin comprenderà che l'Occidente resta il suo migliore alleato contro i jihadisti – come, d'altra parte, conferma l'allarme che Washington gli ha dato a inizio mese sull'attentato Isis in arrivo. Ma la decisione del Cremlino di accusare l'Ucraina di complicità con i terroristi del Crocus City Hall va in tutt'altra direzione: sfruttare la strage per spingere la Russia a moltiplicare risorse e impegno nella guerra per sconfiggere Kiev. È una scelta tattica che conferma la volontà di Putin di vincere con le armi il conflitto ucraino, ma non risolve la vulnerabilità russa al ritorno della jihad.

JIHAD, OBIETTIVO EUROPA

Il fallito piano di una cellula dello Stato Islamico di attaccare il concerto di Taylor Swift a Vienna, nel luglio 2024, e la strage compiuta poche settimane dopo da un suo jihadista a Solingen, in Germania, lascia intendere che l'Europa è uno degli obiettivi del più feroce gruppo jihadista in circolazione, le cui basi vanno dall'Asia centrale al Sahel. Le indagini condotte in Austria hanno portato ad appurare che il capo della cellula era un diciannovenne iracheno, con le origini in Macedonia del Nord, che aveva giurato fedeltà a Isis e aveva reclutato almeno due locali con l'intento di infiltrarsi nella folla dei fan della pop star e causare una strage prima ancora che il concerto avesse inizio. Ciò che colpisce è che si tratta di jihadisti di Isis-Khorasan, ovvero la formazione dello Stato Islamico creatasi nel 2015 per operare nella regione geografica che include Afghanistan, Iran e Asia centrale. A dispetto della sconfitta militare di Isis – dichiarata dal 2019 da una coalizione internazionale guidata da Usa, Russia e Paesi arabi dopo cinque anni di campagna in Iraq e Siria – la sua filiazione del Khorasan nel corso di quest'anno si è dimostrata capace di attaccare in gennaio Kerman, in Iran, e una chiesa in Turchia, per poi portare la morte in un concerto a Mosca, in marzo, e in una moschea dell'Oman, in luglio, con un bilancio complessivo di oltre 250 vittime. A cui bisogna aggiungere le rivelazioni francesi su un piano d'attacco sventato contro un evento sportivo a Saint-Étienne in coincidenza con le Olimpiadi e l'arresto negli Stati Uniti di almeno otto jihadisti tagiki, che sarebbero riusciti a penetrare attraverso i porosi confini con il Messico.

Se a questo aggiungiamo che fu proprio Isis-K a firmare l'attacco contro i militari Usa che causò tredici vittime all'aeroporto di Kabul durante la ritirata nell'agosto 2021, non è difficile arrivare alla conclusione che ci troviamo di fronte a una minaccia jihadista di nuova generazione, riuscita a riorganizzarsi dopo la sconfitta subita cinque anni fa. Da qui l'importanza di soffermarsi sulle sue poche caratteristiche che fino a questo momento conosciamo, per il motivo molto semplice che da quando Al-Qaida attaccò a sorpresa gli Stati Uniti l'11 settembre 2001 i gruppi jihadisti hanno dimostrato una significativa capacità di riorganizzarsi e riprendere le campagne di terrore, a dispetto dell'eliminazione dei leader e delle pesanti sconfitte subite.

Isis-Khorasan è un gruppo sunnita, erede della ferocia del califfo Abu Bakr al-Baghdadi – eliminato dagli americani nel 2019 in Siria –, guidato da un leader misterioso che si nasconde dietro lo pseudonimo di Abu Hafs al-Hashimi al-Quraishi che può contare – secondo stime Onu – su circa diecimila combattenti disseminati in piccoli gruppi fra Siria e Iraq per evitare di essere identificati e attaccati. Ma la maggioranza dei capi ha lasciato il Medio Oriente per trasferirsi in Afghanistan, Pakistan, Tagikistan e Turkmenistan, da dove gli attentati più recenti sarebbero stati pianificati. In particolare, è il leader di Isis-K in Afghanistan, Sanuallah Ghafari, ventinove anni, ad aver portato a termine la più efficace resurrezione jihadista.[17] Va ricordato che, a differenza del passato, lo Stato Islamico questa volta ha in Africa il suo terreno d'azione preferito: dall'Uganda teatro di stragi contro le scolaresche alla confinante Repubblica Democratica del Congo, fino al Sahel dove gruppi jihadisti affiliati controllano aree rurali in Mali, Niger, nel Nord Burkina Faso e nel Maghreb. A questo dobbiamo aggiungere che, come l'attentato a Mosca e gli arresti negli Usa dimostrano, Isis-K recluta fra i centroasiatici. E anche sul fronte dell'ideologia jihadista vi sono delle novità: le indagini viennesi hanno appurato che la cellula sgominata aveva in casa non solo propaganda di Isis-K ma anche di Al-Qaida, sebbene in passato Abu Bakr al-Baghdadi creò lo Stato Islamico proprio in competizione con Osama bin Laden, mente degli attacchi dell'11 settembre. Siamo dunque sempre nell'ambito del jihadismo sunnita che si origina dal pensiero di Hassan al-Banna – il teologo egiziano che negli anni Venti del Novecento teorizzò la violenza contro l'Occidente al fine di ripristinare il Califfato che era stato abolito in Turchia dalla modernizzazione di Atatürk –, ma con elementi assai diversi riguardo a rete operativa, radici geografiche

17. Yunus Yawar, Mohammad – Ali, Mushtaq – Rajesh, YP, *How Isis-K leader forged one of Islamic State's most fearsome groups*, Reuters, 26 marzo 2024.

e tipologia di cellule. Ciò che invece resta identica è la vocazione a portare la morte per colpire i luoghi della «corruzione morale degli infedeli»: come fu il Bataclan a Parigi nel 2015 e la Manchester Arena nel 2017 in occasione del concerto di Ariana Grande. Così come la volontà di usare le più moderne tecnologie per diffondere l'immagine dei massacri compiuti: è la Fondazione Al-Azim a disseminare sul web contenuti e video in pashtu, farsi, tagiko, urdu, turco e uzbeko – oltre a inglese e russo –, evidenziando quali sono le regioni dove si pensa di poter reclutare più agilmente. E per quanto riguarda gli obiettivi che hanno in mente, subito dopo l'attacco a Mosca un video di Isis-K intitolato «Chi è il prossimo?» elencava: Londra, Madrid, Parigi e Roma.

Ecco perché il capo dell'Fbi, Christopher Wray, ammonisce sui rischi di «un attacco coordinato contro gli Stati Uniti», sottolineando come i Paesi che Isis-K minaccia – Usa, Ue, Cina, India, Iran e Russia – dovrebbero rispondere al nuovo pericolo proprio come avvenne davanti a Isis nel 2014: creando una vasta coalizione internazionale, che arrivò a contare ben ottantasette Paesi, per combatterlo.[18] È una tesi condivisa da Michael Morell, ex vicecapo della Cia, che su «Foreign Affairs» ha firmato con il politologo Graham Allison l'analisi che paragona l'attuale fase di Isis-K con il periodo precedente agli attacchi di Al-Qaida dell'11 settembre 2001: il pericolo si manifestava sempre più chiaramente ma veniva sottovalutato.[19] Anche perché bisogna aggiungere un altro elemento che gioca a vantaggio dei jihadisti: la rivalità crescente fra le grandi potenze globali consente loro più capacità di azione.

18. Schmitt, Eric, *Fbi director makes rare visit to Africa as terrorism threat grows*, «The New York Times», 14 giugno 2024.

19. Allison, Graham – Morell, Michael J., *The terrorism warning lights are blinking red again*, «Foreign Affairs», 10 giugno 2024.

IL VELENO ANTIEBRAICO

Nella guerra d'attrito ibrida contro le democrazie un tassello particolare è l'odio contro gli ebrei. Perché l'Iran lo adopera per aumentare la pressione contro Israele, trasformando l'assedio militare in un'offensiva ideologica globale, e perché la Russia si giova dell'ondata di intolleranza contro gli ebrei nel quadro dell'«operazione Scompiglio» tesa a far implodere dal di dentro i Paesi democratici, fomentando ogni tipo di conflitti e divisioni. C'è dunque un legame fra l'attacco del 7 ottobre, l'impennata di attacchi antiebraici in Europa e il tentativo di Iran e Russia di sfruttare tale fenomeno per trarre vantaggio nella sfida contro l'Occidente.

Tutto questo aiuta a comprendere le dimensioni di un fenomeno che ha avuto un profondo impatto sulle vite degli ebrei cittadini di Paesi democratici: il periodo seguente al 7 ottobre è stato vissuto come il più buio, difficile e pericoloso dalla fine della Seconda guerra mondiale. Dall'indomani del pogrom di Hamas, le minoranze ebraiche che vivono fra San Francisco e Sidney, New York e Londra, Parigi e Milano sono state oggetto di aggressioni fisiche – alle persone e alle proprietà –, offese pubbliche e campagne di odio sui social network che hanno risvegliato i peggiori fantasmi del passato. Negli Stati Uniti il numero di azioni antiebraiche registrato dall'Anti-Defamation League (Adl) solo negli ultimi tre mesi del 2023 è stato il più alto di sempre: 2031 incidenti fra il 7 ottobre e il 12 dicembre – incluse 40 violenze fisiche, 337 episodi di vandalismo, 250 attacchi a istituzioni e sinagoghe, 400 aggressioni nei campus – con un aumento del 337 per cento rispetto al 2022. Nelle parole di Jonathan Greenblatt, ceo dell'Adl, «è una serie terrificante di atti antiebraici, le Comunità ovunque in America sono inondate dall'odio». In Australia la tendenza è simile: per il Consiglio esecutivo delle Comunità ebraiche locali dal 7 ottobre l'aumento di atti antiebraici è stato del 591 per cento. A Sidney, un corteo pro-Hamas subito dopo il 7 ottobre ha intonato il canto «gas per gli ebrei». In Gran Bretagna gli eventi antiebraici denunciati sono oltre 1500, a Berlino sono state lanciate molotov contro le sinagoghe, in Francia gli attacchi antiebraici sono stati 857 – incluse le stelle di David sulle case di ebrei a Parigi – e hanno portato a un aumento del 430 per cento delle richieste di emigrazione verso Israele. A Salonicco è stato vandalizzato il museo che ricorda la Shoah, da Madrid a Bruxelles scuole, uffici, negozi e proprietà ebraiche si sentono in pericolo.[20] E anche nella nostra Italia, dove l'intensità dell'odio antiebraico è stata forse minore, ebrei con la kippah – il tradizionale copricapo – sono stati insultati, aggrediti, a Roma, Genova e Milano. In via Padova, Milano, da una manifestazione con migliaia di persone a favore di Hamas si è sollevato il grido, in arabo, «aprite i confini, dateci gli ebrei».[21] A subire l'impatto più duro di questa ondata di odio antiebraico sono stati i più giovani, in circostanze assai comuni come eventi sociali e partite sportive. A New York un match di basket fra squadre femminili di adolescenti è degenerato allorché alcune ragazze non ebree hanno pesantemente offeso le ebree, e quando si è trattato di darsi la tradizionale stretta di mano una delle giovani non ebree ha gridato a chi aveva davanti: «Io sostengo Hamas, sporca ebrea!».

20. Aderet, Ofer, *Antisemitic incidents in the West saw massive spike in 2023, report finds*, «Haaretz», 5 maggio 2024.

21. Berizzi, Paolo, *L'antisemitismo islamista nelle piazze d'Italia: «Gli uomini di Hamas sono i nostri partigiani»*, «la Repubblica», 19 novembre 2023.

Il risultato di tutto questo è stato un'ondata di sgomento dentro le famiglie, con discussioni nelle sinagoghe o nelle scuole – di città in città, di Paese in Paese – se è opportuno o meno andare in giro con una stella di David al collo, una kippah sulla testa o qualsiasi altro segno esteriore che indichi la propria identità ebraica. Non è certo la prima volta dal 1945 che l'antisemitismo si ripropone nei Paesi democratici, ma è la prima volta che si è accompagnato a violenze fisiche. Questa è la linea rossa che è stata superata.

Gli ebrei americani, europei, australiani sono stati abituati negli ultimi ottant'anni ad avere a che fare con offese verbali, pubbliche, di estrema destra, estrema sinistra, di matrice cristiana preconciliare, integralista islamica e anche con singoli attentati da parte di gruppi armati arabi palestinesi – da Parigi 1981 a Roma 1982 – con tanto di vittime, ma mai prima singoli passanti avevano aggredito così spesso e in così tanti luoghi uomini, donne, anziani, bambini ebrei da Chicago a Los Angeles, da Brooklyn a Marsiglia, da Liverpool ad Amsterdam. Uno sputo, una spinta, un calcio, una molotov, un vetro rotto, un anziano scaraventato in terra. È la violenza fisica contro gli ebrei a essere tornata fra noi. Il primo sintomo sono stati i manifestini con le immagini degli ostaggi israeliani a Gaza strappati, tagliuzzati e gettati in terra: in Broadway Avenue, New York, come a Londra o Madrid. Poi è arrivato il resto.

Per questo i sopravvissuti della Shoah si sono trovati nella situazione di dover rispondere alle domande di figli, nipoti, amici su cosa pensare davanti a tutto ciò. Soprattutto a causa di una generica indifferenza di troppi davanti al moltiplicarsi di simili episodi. E Sami Modiano, sopravvissuto ad Auschwitz, ha trovato la forza per ricordare ciò che gli disse Primo Levi: «Può succedere ancora».

Il moltiplicarsi esponenziale degli atti di intolleranza antiebraici è cominciato – soprattutto negli Stati Uniti, in Gran Bretagna e in Francia – in occasione delle proteste pubbliche contro l'intervento militare israeliano nella Striscia di Gaza e contro l'alto numero di vittime civili palestinesi che ha causato. Protestare contro le politiche del governo di Israele è legittimo – anche molti israeliani lo fanno – così come è innegabile lo sdegno per la tragedia dei civili palestinesi, che si trovano nella morsa costituita dagli attacchi militari israeliani e dalla scelta di Hamas di non difenderli, usandoli come scudi umani. Ma tutto ciò non deve portare in alcun modo a legittimare azioni antiebraiche. Non si difendono le istanze nazionali dei palestinesi dando l'assalto a una chanukkià accesa nel campus di Yale o aggredendo un ebreo ortodosso mentre cammina a Golders Green. L'antisemitismo che queste azioni rivelano non ha nulla a che vedere con lo scontro di posizioni sul conflitto arabo-israeliano, con la battaglia politica per difendere i diritti dei palestinesi, con le legittime critiche a questo o quel leader israeliano né con la polemica nel mondo palestinese sulla leadership di Mahmud Abbas. L'irrisolto conflitto mediorientale è l'ennesimo innesco storico con cui l'odio antiebraico si rigenera, per poi moltiplicarsi fra noi.

L'antisemitismo è la più ancestrale e brutale delle tipologie di odio per il prossimo. Come scrisse il sociologo tedesco-americano Kurt Lewin all'inizio del Novecento, la storia insegna che «non dipende dal comportamento degli ebrei». Si origina piuttosto da bugie velenose, che generano violenze e riempiono di orgoglio chi le commette. George Mosse, quando lo incontrai anni fa all'University of Wisconsin-Madison, legava il dilagare di tali bugie alla «psicologia di massa» che si impadronisce di popoli interi. La più antica di queste bugie è stata l'accusa di deicidio: per oltre millenovecento anni la Chiesa l'ha avvalorata, causando sofferenze immani a milioni di ebrei in più continenti, ma tutti erano convinti che discriminare, ghettizzare, bruciare, convertire con la forza e rapire ebrei fosse giusto, legittimo, perché erano colpevoli del più grave dei crimini. Dai pogrom dei crociati ai ghetti di Roma e Venezia, ogni violenza veniva legittimata dalla bugia del deicidio. Solo Giovanni XXIII, con il Concilio Vaticano II, ebbe la forza personale e l'autorità morale per cancellare quell'infamia che così tanto dolore aveva creato. Bugia velenosa fu il libello dei Protocolli dei Savi di Sion che la polizia segreta dello zar confezionò dal nulla a fine Ottocento per indirizzare contro gli «ebrei padroni del mondo» l'odio delle masse di diseredati che stava per travolgere l'impero dei Romanov, generando una miriade di pogrom e un domino di pregiudizi giunti fino a noi. Bugia fu quanto scrisse Karl Marx nella *Questione ebraica*, dove identificò gli ebrei come un «popolo classe», delegittimando la loro identità collettiva e dando vita a un antisemitismo che, una volta creata l'Urss, Josif Stalin portò alle estreme conseguenze perseguitando e deportando tutti quegli ebrei che non accettavano di abbandonare la propria identità per diventare solo e semplicemente «sovietici». E bugia ancor più terribile fu quella del nazionalsocialismo sugli ebrei «biologicamente inferiori» e dunque destinati allo sterminio per purificare le nazioni dalla loro presenza. Costò sei milioni di vittime, inclusi 1,5 milioni di bambini. Per mano dei nazifascisti e dei loro numerosi collaboratori. Queste bugie omicide – che oggi riconosciamo come tali – nel corso del tempo sono state considerate assolutamente vere, incontestabili, da una moltitudine di individui, generando violenze immani. Contro le quali le vittime non avevano difese, perché erano bugie talmente popolari da essere considerate vere, incontestabili. Al punto che chi commetteva tali violenze imputava poi agli stessi ebrei di esserne la causa.

Ciò non significa che le violenze antisemite possano far temere immani tragedie, ma ci ricordano quali terribili pericoli una società corre quando inizia a considerare legittime, innocue, bugie velenose nei confronti degli ebrei solo in quanto tali.

Da qui la necessità di individuare oggi le bugie da cui si genera l'odio antiebraico che ferisce le nostre società democratiche. Credo che, osservando e ascoltando chi oggi professa tale odio antiebraico, le falsità più pericolose siano fondamentalmente due. Ed entrambe hanno a che fare con Israele, a conferma che l'antisionismo è il volto contemporaneo dell'antisemitismo.

La prima bugia è che Hamas è sinonimo di popolo palestinese, dunque chi si batte per Hamas difende tutti i palestinesi. Ovvero, il 7 ottobre è un pogrom legittimo perché Hamas si batte per i diritti dei palestinesi. Ma è falso, perché Hamas è piuttosto un'organizzazione terroristica, fondata nel 1988 con l'intento dichiarato di distruggere Israele e annientare ogni ebreo in generale, e nel 2007 ha preso il controllo di Gaza rovesciando l'Autorità nazionale palestinese (Anp), che non riconosce, considerandola corrotta in quanto nel 1993 nacque grazie agli accordi di pace di Oslo con Israele firmati dal leader dell'Olp, Yasser Arafat, con i leader israeliani Yitzhak Rabin e Shimon Peres. Hamas persegue tanto la distruzione di Israele quanto l'annientamento dell'Anp, che è, invece, la legittima rappresentante del popolo palestinese. Il vero obiettivo che Hamas si attribuisce esplicitamente e fieramente è annientare Israele, l'Anp, gli accordi di pace di Oslo e seppellire il tutto sotto i cadaveri dei nove milioni di israeliani di ogni fede e origine. Oltreché, va aggiunto, sotto quelli del suo stesso popolo palestinese, deliberatamente usato come scudo umano prevedendo, con un calcolo al di là di ogni cinismo, la reazione dello Stato ebraico al più grande pogrom della storia recente. A rappresentare i palestinesi è invece l'Anp, guidata da Mahmud Abbas, successore di Arafat, e fedele agli accordi di pace di Oslo con lo Stato di Israele, basati sulla formula dei «due popoli, due Stati».

La seconda bugia è l'equiparazione di sionismo e razzismo. Fu creata dal nulla dalla propaganda sovietica nel 1967 per delegittimare l'esistenza di Israele dopo la Guerra dei sei giorni, nel quadro della Guerra fredda che vedeva Mosca sostenere i regimi nazionalisti arabi per tentare di insediarsi in Medio Oriente, negando il legame trimillenario fra Terra d'Israele ed ebrei che ha contribuito a tenere in vita un popolo intero durante venti secoli di diaspora. A sparare il colpo iniziale fu Nikolai Fedorenko, capo della delegazione sovietica all'Onu, che il 9 giugno 1967 paragonò le operazioni militari israeliane alla Germania di Hitler. E su spinta dell'Urss, l'Assemblea generale dell'Onu, il 10 novembre 1975, approvò la risoluzione 3379 che paragonava sionismo e razzismo. Ma, finita la Guerra fredda, il 17 dicembre 1991 la stessa Assemblea generale la annullò e revocò con una maggioranza schiacciante.

Se queste due bugie generano violenza è perché, legittimando Hamas e delegittimando Israele, avvalorano come lotta di liberazione nazionale il pogrom del 7 ottobre 2023 che ha portato alla morte di circa 1200 israeliani e ai rapimenti di altri 240 – in entrambi i casi, in gran parte civili –, istigando subdolamente chiunque condivida questa interpretazione a riconoscere ogni ebreo come un nemico e a colpirlo. Questa è la genesi della violenza fisica contro gli ebrei che ha sorpreso i Paesi democratici. In una serata di primavera al centro culturale 92nd Street Y di

Manhattan, discutendo con Elie Wiesel di antisemitismo poco dopo l'inizio della presidenza Obama, mi disse che l'unico antidoto possibile era «educare le nuove generazioni». Per il premio Nobel per la pace, sopravvissuto ad Auschwitz e autore di *La notte*, «la battaglia contro l'odio antiebraico deve essere combattuta ogni giorno, con lo studio, perché i pericoli si rinnovano di generazione in generazione». E ogni generazione – dice, citando i suoi studi ebraici – studia e apprende in maniera differente. C'è dunque qui un suggerimento da ascoltare. Tenendo soprattutto a mente che, in Nord America come in Europa, molte delle violenze avvengono da parte di giovani. La risposta migliore, è la tesi di Wiesel, a chi sfila gridando qualsiasi insulto contro gli ebrei al fine di attaccarli, eliminarli, delegittimarli, non può che venire dai banchi di scuole e atenei. «Da qui l'importanza dei docenti in grado di farlo» sottolineava Wiesel.

V.

ESTREMO ORIENTE

IL GRANDE DISEGNO DI XI

Per oltre due millenni i monarchi e gli imperatori che hanno governato la Cina hanno visto il proprio Paese come un attore dominante nel mondo. Il concetto di «Impero di Mezzo», come la Cina definisce se stessa, non è semplicemente geografico perché implica essere, da un punto di vista culturale, politico ed economico, il cuore strategico del mondo. Questa visione sinocentrica ha segnato il Paese nel corso dei secoli e ha anche generato la vocazione alla leadership del pianeta che Xi interpreta ed esprime, declinandola con un Grande Disegno per promuovere norme e istituzioni destinate a regolare la cooperazione internazionale sulla base degli interessi nazionali cinesi. C'è questa volontà politica al cuore del suo tentativo di ridisegnare l'architettura internazionale, smantellando quella che si è creata nel mondo dopo la fine della Seconda guerra mondiale premiando gli Stati Uniti e le democrazie occidentali. In questa maniera Xi non solo vuole trasformare il XXI secolo in una stagione dominata da Pechino ma punta anche a riscattare l'Impero di Mezzo dal collasso che travolse la Cina nell'Ottocento e all'inizio del Novecento, relegandola in un ruolo marginale.

Per questo è importante inquadrare il Grande Disegno di Xi in quanto avvenuto negli ultimi vent'anni, dall'inizio del secolo, durante i quali la Cina si è riaffermata come grande potenza globale, imponendosi come la seconda maggiore economia del pianeta e anche grazie a una capacità militare crescente, di prima importanza. Queste mosse hanno consentito di riconquistare centralità nel sistema internazionale delle relazioni e anche di avere una proiezione di leadership globale nelle istituzioni che Xi vuole rimodellare o indebolire, a seconda degli interessi cinesi: dalle Nazioni Unite alla Banca mondiale, fino al Fondo monetario internazionale. Questo spiega perché il presidente Xi, che sicuramente è il leader più potente che Pechino ha avuto da Mao Tze-tung, in più occasioni ha affermato che la Cina deve guidare «la riforma del sistema di governo globale trasformando le istituzioni e le norme in maniera da riflettere i valori e le priorità nazionali di Pechino». È questa la genesi di una strategia su più fronti, tesa a ridisegnare la governance globale: sostiene istituzioni e accordi internazionali quando coincidono con i suoi interessi, dall'agenda della Banca mondiale agli accordi di Parigi sul clima, ma quando invece questo non avviene, come ad esempio alle Nazioni Unite a causa del potere di veto che hanno gli Stati Uniti, la Francia e la Gran Bretagna, allora la Cina si allea con altre potenze autoritarie come la Russia per creare dinamiche differenti, chiamando attorno a sé tutti quei Paesi che per le motivazioni più differenti non si riconoscono, si oppongono o hanno interessi contrastanti a quelli delle democrazie occidentali. Questo è il motivo per cui la Cina ha assunto al Palazzo di Vetro la leadership del Gruppo dei 77, che venne creato durante la stagione dei Non Allineati per riunire i Paesi che non si riconoscevano negli Stati Uniti o nell'Urss, arrivando a oltre 120 adesioni su un totale

ESTREMO ORIENTE - IL FRONTE CINESE

L'obiettivo della Cina in Estremo Oriente è imporre ovunque i propri interessi a scapito degli Stati Uniti. Nel Mar Cinese Meridionale imponendosi le acque territoriali contese con altri Paesi, dalle Filippine al Vietnam. A Taiwan puntando alla riunificazione con l'isola nazionalista. Nel Pacifico siglando accordi economici con le isole disposte ad allentare il legame con Washington. E in Nord Corea tenendo il più possibile legato a sè l'imprevedibile dittatore Kim Jong-un, dotato di un pericoloso arsenale nucleare. Ovunque, è la Cina a essere all'offensiva. Da qui l'attrito che Pechino esercita nei confronti degli Stati Uniti, per spingerli a rinunciare al ruolo di garante della libertà di navigazione conquistato con la Seconda guerra mondiale. La regione più a rischio è Taiwan e per proteggerla il Pentagono sta riorganizzando lo schieramento delle proprie forze dal comando di Kadena, in territorio giapponese. Per fronteggiare, anzitutto, lo schieramento imponente delle forze cinesi attorno all'isola nazionalista.

Struttura militare cinese
Comando settentrionale
Comando centrale
Comando orientale
Comando occidentale
Comando meridionale
Quartier generale comandi
Sedi flotte
FEDERAZIONE RUSSA
KAZAKISTAN
MONGOLIA
UZBEKISTAN
TURKMEN.
KIRGH.
TAGIK.
AFGHANISTAN
PAKISTAN
COMANDO SETTENTRIONALE
PECHINO
Qingdao
(Flotta del Mare del Nord)
CINA
COMANDO CENTRALE
COMANDO OCCIDENTALE
Chengdu
NEPAL
BHUTAN
BANGL.
INDIA
COMANDO MERIDIONALE
Guangzhou
MYANMAR
LAOS
THAILANDIA
CAMB.
VIETNAM
SRI LANKA
MALAYSIA
SINGAPORE
Basi Usa
Isole del Pacifico legate a Usa e Taiwan
Isole del Pacifico che hanno aderito al progetto cinese della Nuova via della seta

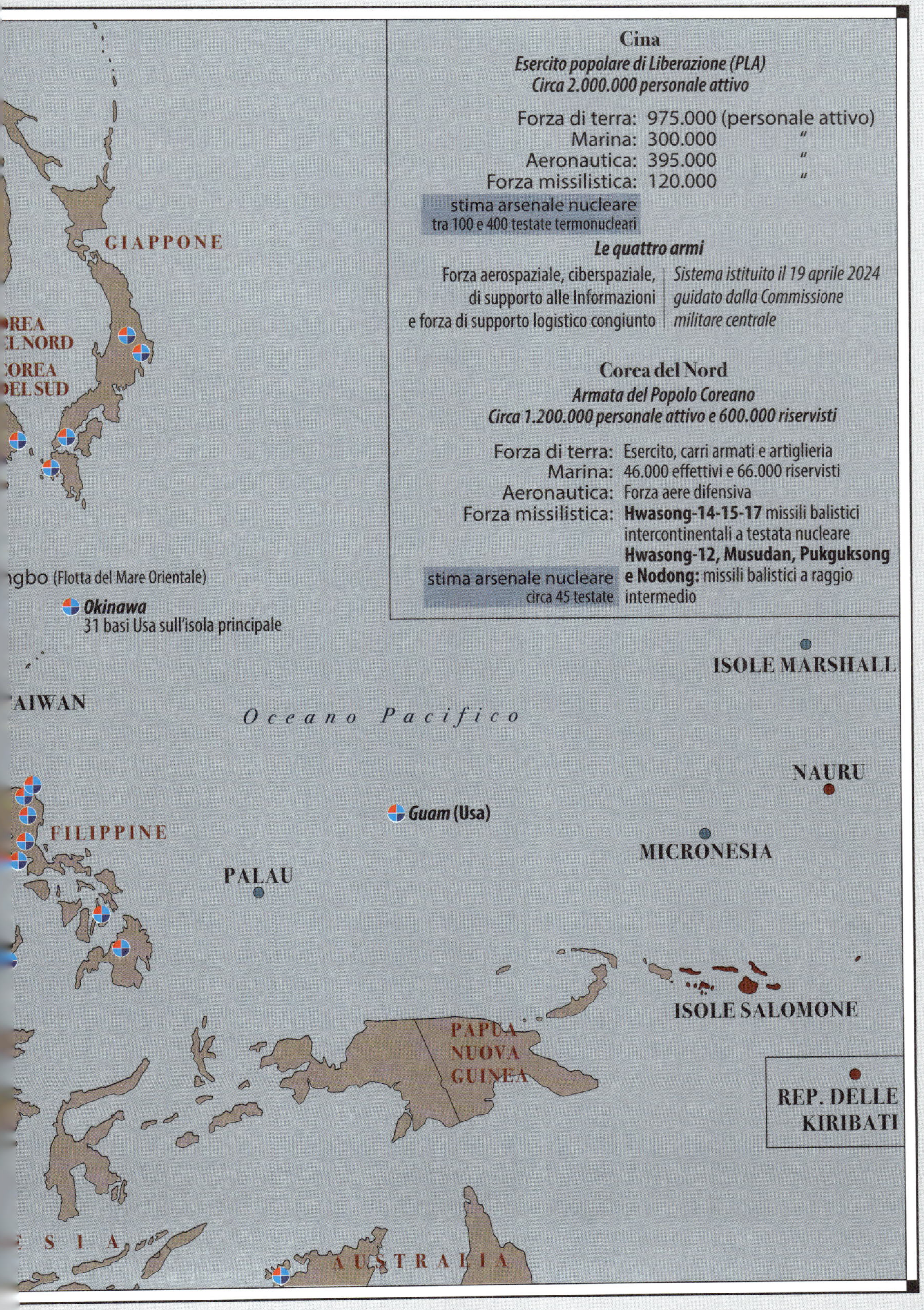
Cina
Esercito popolare di Liberazione (PLA)
Circa 2.000.000 personale attivo
Forza di terra: 975.000 (personale attivo)
Marina: 300.000 "
Aeronautica: 395.000 "
Forza missilistica: 120.000 "
stima arsenale nucleare
tra 100 e 400 testate termonucleari
Le quattro armi
Forza aerospaziale, ciberspaziale, di supporto alle Informazioni e forza di supporto logistico congiunto
Sistema istituito il 19 aprile 2024 guidato dalla Commissione militare centrale
Corea del Nord
Armata del Popolo Coreano
Circa 1.200.000 personale attivo e 600.000 riservisti
Forza di terra: Esercito, carri armati e artiglieria
Marina: 46.000 effettivi e 66.000 riservisti
Aeronautica: Forza aere difensiva
Forza missilistica: Hwasong-14-15-17 missili balistici intercontinentali a testata nucleare
Hwasong-12, Musudan, Pukguksong e Nodong: missili balistici a raggio intermedio
stima arsenale nucleare
circa 45 testate
GIAPPONE
OREA
EL NORD
COREA
DEL SUD
ngbo (Flotta del Mare Orientale)
Okinawa
31 basi Usa sull'isola principale
AIWAN
Oceano Pacifico
ISOLE MARSHALL
NAURU
Guam (Usa)
MICRONESIA
FILIPPINE
PALAU
ISOLE SALOMONE
PAPUA
NUOVA
GUINEA
REP. DELLE
KIRIBATI
E S I A
AUSTRALIA

di 194. Un balzo in avanti frutto del fatto che nel Sud globale – in Asia, America Latina e Africa – numerose nazioni hanno reagito al sostegno occidentale per l'Ucraina aggredita dalla Russia scegliendo posizioni di neutralità che in realtà tradivano una profonda ostilità all'Occidente.

È una cornice che spiega il successo della Cina nell'aver creato o rafforzato istituzioni multilaterali in chiave antioccidentale che si propongono di tutelare i suoi interessi nazionali. Nel 2001 il primo passo in questo percorso è stata la creazione dell'Organizzazione per la cooperazione di Shanghai (Sco), attorno a Cina, Russia e alcuni Stati dell'Asia centrale, per consentire a Pechino di avere un'alleanza strategica regionale e promuovere, ad esempio, un sistema di comunicazioni Internet controllate dai governi. L'altra organizzazione sono i Brics, il forum economico creato nel 2009 che riunisce le principali economie non occidentali – Brasile, Russia, India, Cina e Sudafrica – a cui progressivamente hanno aderito altri Paesi, diventando un pilastro della crescita globale fino al punto da rivaleggiare con il G20. Quando Pechino partecipa ai vertici dei Brics e dell'Organizzazione di Shanghai lascia intendere spesso la volontà di coniugare, fondere, queste due organizzazioni all'interno di un unico sistema multipolare tradendo la volontà di creare un assetto di relazioni internazionali capace di sommare la maggioranza della popolazione mondiale e del Pil mondiale, fino al punto da poter sfidare la rappresentatività delle Nazioni Unite.

Non ci può essere tuttavia dubbio sul fatto che la più importante e strategica delle organizzazioni internazionali alternative a cui Xi guarda è la Nuova via della seta lanciata da Pechino nel 2013. La Belt and Road Initiative è un vasto piano di sviluppo di infrastrutture tanto terrestri quanto marittime che consentono alla

Cina di assumere nuovamente il ruolo centrale sul palcoscenico globale che ebbe nella stagione dell'Impero di Mezzo. Collegando il Paese ai più ricchi mercati del pianeta, quelli dell'Europa occidentale, Pechino si propone di portare beni e servizi attraverso più continenti creando una rete di accordi economici destinata a essere il più grande network di scambi del mondo, capace di trasformarsi anche in una grande area di influenza geopolitica. Perché le intese che legano i singoli Paesi a Pechino nel lungo termine generano interessi comuni su ogni fronte, dalla politica alla sicurezza.

Bisogna chiedersi dunque quali sono i valori e gli interessi che la Cina vuole difendere e muovere nella creazione di questo sistema di alleanze alternative. La priorità più evidente è sostenere la crescita economica nazionale, e qui c'è il legame con l'aggressività nel Mar Cinese Meridionale e nelle isole del Pacifico per via delle risorse che vi si trovano. Ma c'è dell'altro: dalla volontà di isolare Taiwan e quindi rafforzare la possibilità di una riunificazione alla necessità di prevenire critiche sul fronte dei diritti umani fino a un'espansione economica per trovare sempre nuovi mercati per le grandi aziende cinesi sostenute dal capitale pubblico. E infine, ma non per importanza, la possibilità di usare le nuove tecnologie – dove la Cina è all'avanguardia – come uno strumento di insediamento culturale di lungo termine, arrivando a influenzare il comportamento delle opinioni pubbliche in una molteplicità di Paesi.

Il Grande Disegno di riassegnare a Pechino un ruolo centrale sul palcoscenico internazionale costituisce, nella storia recente cinese, un momento di forte distacco dall'eredità di Mao Tze-tung, leader della rivoluzione e fondatore della Repubblica Popolare nel 1949, che invece contestava il sistema internazionale. Mao rimproverava alla comunità delle nazioni il sostegno a Taiwan, non riconosceva un ordine globale diviso fra Usa e Urss, e favorì per questo la formazione del movimento dei Non Allineati durante la Guerra fredda, diventando protagonista di un approccio radicale che lo portò a sostenere movimenti di guerriglia armati antigovernativi in Africa, America Latina e nel Sudest asiatico. Iniziò poi un lento riavvicinamento alle organizzazioni internazionali che lo portò a aderire nel 1971 alle Nazioni Unite, ottenendo l'entrata nel Consiglio di sicurezza con il potere di veto. Ma in realtà è solo dopo la morte di Mao, nel 1976, che la Cina accelera il rientro nella comunità internazionale. È l'erede, Deng Xiaoping, che affianca alla politica di riforme interne, fra la fine degli anni Settanta e l'inizio degli anni Ottanta, un aumento della proiezione globale della Cina con l'entrata nel Fondo monetario internazionale e nella Banca asiatica di sviluppo. La strage di Tienanmen il 5 giugno del 1989 è un momento drammatico perché viene ordinata dal regime per il timore di essere travolto dalle proteste – come stava avvenendo in Unione Sovietica – e porta a un grande isolamento internazionale. Tuttavia impone a Deng l'esatto opposto: la necessità di ricostruire la propria reputazione sui mercati per salvare la modernizzazione del sistema economico. È da quel momento che Pechino abbraccia il multilateralismo con un'accelerazione di adesioni: nel 1992 entra nel Trattato di non proliferazione nucleare, poi nell'accordo contro i test nucleari e nel 1998 firma la Convenzione internazionale sui diritti politici e civili, per poi entrare nel 2001 nell'Organizzazione mondiale del commercio (Wto). Xi si inserisce su questo sentiero, segnato da Deng e continuato da Hu Jintao, allontanandosi sempre di più dall'isolamento che distinse la stagione di Mao, con l'intento più ambizioso: assicurare alla Cina non solamente la guida della crescita globale ma anche delle relazioni internazionali sulla base di un nuovo ordine multipolare capace di archiviare la leadership globale degli Stati Uniti.

TAIWAN RESISTE A PECHINO

Nelle prime votazioni dell'anno più elettorale di sempre, quelle di gennaio 2024, l'isola di Taiwan recapita un messaggio inequivocabile: sì alla sovranità nazionale, no all'annessione alla Cina popolare.

Era stata Pechino a presentare le presidenziali taiwanesi come una scelta fra «la pace e la guerra», identificando il proprio nemico con il candidato del Partito progressista democratico (Dpp) Lai Ching-te, vicepresidente uscente, ma la minaccia si è trasformata in un boomerang perché a vincere è stato proprio Lai. È un risultato che pesa perché si tratta delle terze elezioni presidenziali consecutive vinte dal Dpp, grazie a una piattaforma politica che – a dispetto di un'economia in affanno e del malcontento per l'aumento dei costi dell'immobiliare – punta su una forte affermazione dell'autodeterminazione e su un deciso rifiuto alle ripetute minacce cinesi di riunificazione. Ecco perché, ringraziando gli elettori, Lai parla di un «voto che conferma l'incrollabile fedeltà alla democrazia» promettendo di continuare «il cammino a fianco alle altre democrazie del mondo».[1] A cominciare dagli Stati Uniti di Joe Biden, che hanno inviato una delegazione a Taipei per sottolineare il forte legame bilaterale, e dall'Unione Europea e dal Giappone, da cui è arrivato un

1. Wong, Tessa, *Taiwan elects William Lai president in historic election, angering China*, Bbc, 13 gennaio 2024.

LO STRETTO DI TAIWAN
ZHEJIANG
Nanchang
JIANGXI
Wenzhou
Mar Cinese Orientale
CINA
Isole Senkaku
(GIAPPONE, rivend.
da Cina e Taiwan)
Fuzhou
2
FUJIAN
143 km
TAIPEI
Stretto di Taiwan
3
108 km
Xiamen
3
Isole Nansei
(GIAPPONE)
Yonaguni
(GIAPPONE)
1
Chaozhou
155 km
REPUBBLICA
DI CINA
(TAIWAN)
4
5
Mar Cinese Meridionale
Canale di Bashi
156 km
Isole Batan (FILIPPINE)
Isole Pratas
(TAIWAN, rivendicate dalla Cina)
Canale di Balintang
Babuyan
Calayan
Dalupiri
Camiguin
Fuga
FILIPPINE
Isola di Luzon
Acque contese tra
Giappone e Cina
Limite della piattaforma
continentale rivendicato
dalla Cina
Confini marittimi
Arcipelago
della Repubblica
di Cina
(TAIWAN)
1 TAIWAN
2 ISOLE MATSU
3 QUEMOY
4 PESCADORES
5 LANYU

caloroso saluto al nuovo presidente taiwanese. Ovvero, la strategia dell'Indo-Pacifico disegnata dall'amministrazione Biden e fatta propria dalla Nato – basata sul legame con le democrazie dell'Estremo Oriente viene rafforzata.

La sconfitta per la Cina di Xi è triplice. Innanzitutto, le roboanti minacce non hanno funzionato, a dimostrazione del fatto che le prove di forza militare nelle acque e nei cieli taiwanesi non hanno indebolito, bensì rafforzato, il legame con la democrazia. In secondo luogo, la scelta di puntare apertamente su Hou Yu-ih, candidato del partito nazionalista pro-cinese Kuomintang – lo stesso che nel 1949 guidò la separazione di Taiwan da Pechino – non ha avuto l'effetto sperato, confermando che l'ineluttabilità del «ricongiungimento» non è un valore condiviso dalla maggioranza degli abitanti. Infine, ma non per importanza, a perdere è l'idea di una Cina muscolare, invadente, prepotente al punto da voler dettare ai Paesi dell'Estremo Oriente ogni sorta di condizioni: da dove passano i confini marittimi a chi appartengono materie prime e isole contese, fino a chi deve governare in casa altrui. Da qui la previsione, da parte di fonti diplomatiche a Taiwan e Washington, che Pechino decida di rispondere allo smacco esercitando «forti pressioni» – non solo economiche ma anche militari – su Taipei.

Xi Jinping potrebbe però seguire anche un'altra strada: fare tesoro del significato del voto di Taiwan e comprendere che non è nell'interesse di Pechino cedere alle pressioni delle gerarchie militari che sognano la riunificazione e vogliono portare la sfida a Washington oltre ogni linea rossa. A ben vedere, nel vertice di San Francisco con Biden, nel novembre 2023, proprio Xi aveva fatto trapelare la volontà di seguire un percorso di Realpolitik con gli Stati Uniti e, se il voto di Taiwan dovesse portarlo a consolidare questa scelta, potremmo avere una Cina più responsabile sulla scena internazionale. Con effetti positivi che possono andare ben oltre l'Estremo Oriente. Non a caso il segretario di Stato, Antony Blinken, continua a descrivere l'orizzonte dei due Paesi con l'espressione «competizione nell'interdipendenza».[2]

In attesa di sapere come Xi agirà su Taiwan, possono esserci pochi dubbi sul fatto che quanto avvenuto sull'isola nazionalista cinese contiene un messaggio anche per tutti quei leader e partiti che, in Nord America ed Europa, esprimono perplessità sulla democrazia rappresentativa, considerandola un sistema decadente, corrotto e destinato all'autodistruzione. La verità è opposta: Taiwan dimostra che per i popoli minacciati da vicini aggressivi la fedeltà alla democrazia è la più cruciale delle garanzie di sopravvivenza delle proprie libertà così come il legame con la comunità delle democrazie consente di affrontare le sfide più difficili. Ecco perché c'è una connessione profonda fra la determinazione con cui Taiwan respinge le minacce di Pechino, il coraggio con cui l'Ucraina resiste all'aggressione russa e la coesione con cui Israele ha reagito al pogrom dei terroristi di Hamas: quando le democrazie vengono aggredite, trovano al loro interno le risorse più importanti per difendersi e sopravvivere. Per il semplice motivo che, come disse Winston Churchill alla Camera dei comuni di Londra nel 1947, «la democrazia è la peggior forma di governo, fatta eccezione per tutte le altre fino a ora sperimentate».

2. Levine, Rosie - Freeman, Carla – Scoell, Andrew, *Blinken's China trip shows both sides want to stabilize ties*, United States Institute of Peace, 30 aprile 2024.

LA CONTESA SUL MAR CINESE MERIDIONALE

Pechino reclama la sovranità sul Mar Cinese Meridionale perché punta ad assicurarsi il controllo di 11 miliardi di barili di greggio a oltre 5000 miliardi di metri cubi di gas naturale che giacciono sui fondali. Si tratta di risorse naturali di cui la Cina ha bisogno per sostenere la propria crescita economica interna, e si aggiungono a un'altra caratteristica di questo mare: è attraversato da rotte del commercio navale che consentono di dominare gli scambi nell'Estremo Oriente e di essere protagonisti nel Pacifico. Se a tutto ciò aggiungiamo l'interesse di Pechino a estendere il controllo militare e di intelligence sull'area, al fine di indebolire la proiezione strategica degli Stati Uniti e di rendere ineluttabile la conquista di Taiwan, non è difficile arrivare a comprendere perché gli altri Stati della regione – Brunei, Indonesia, Malaysia, Filippine, Taiwan e Vietnam – tentano di ostacolare in ogni modo l'espansionismo di Xi Jinping. La contesa sulle isole Paracelso e Spratly coinvolge direttamente anche gli Stati Uniti perché, mentre Xi estende le sue «zone di commercio esclusivo» fra questi arcipelaghi per rivendicare il controllo di stretti e scogli, generando tensioni di ogni genere, Washington ribatte che la Convenzione sul diritto del mare dell'Onu non consente ai Paesi rivieraschi di limitare la libertà di navigazione di altri Stati. È uno scontro frontale: Pechino tenta di estendere il controllo sulle acque del Mar Cinese, gli Stati Uniti ribadiscono il loro ruolo strategico di garanti della libertà di navigazione – come fatto dal termine della Seconda guerra mondiale – mentre singole nazioni dell'area lamentano le invasioni territoriali cinesi. Come ad esempio le Filippine, a cui la Corte permanente di arbitrato dell'Aja nel 2016 ha dato ragione – richiamandosi proprio alla Convenzione

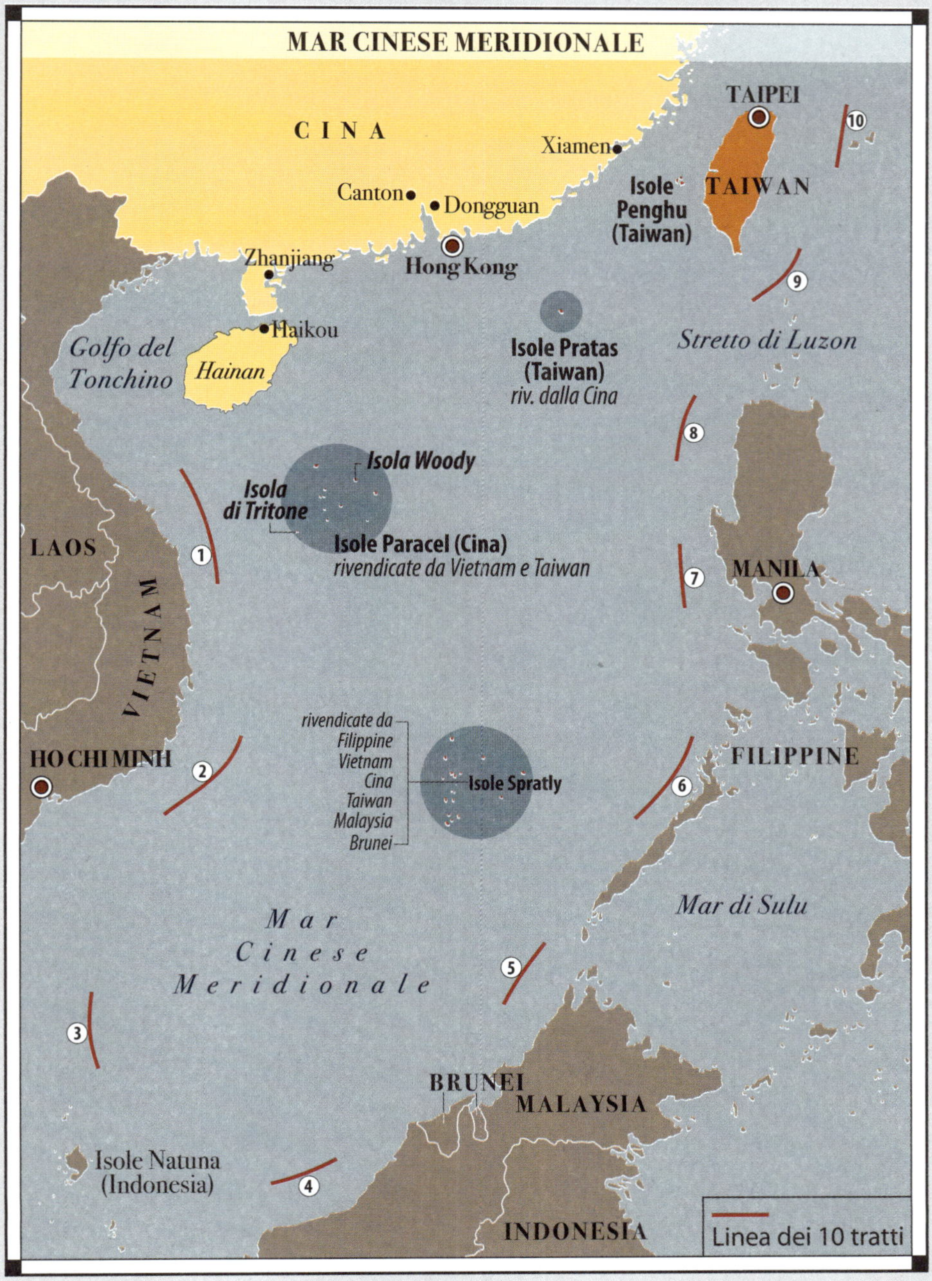
MAR CINESE MERIDIONALE
CINA
Xiamen
TAIPEI
TAIWAN
Isole Penghu (Taiwan)
Canton
Dongguan
Zhanjiang
Hong Kong
Haikou
Hainan
Golfo del Tonchino
Isole Pratas (Taiwan)
riv. dalla Cina
Stretto di Luzon
Isola Woody
Isola di Tritone
Isole Paracel (Cina)
rivendicate da Vietnam e Taiwan
LAOS
VIETNAM
MANILA
HO CHI MINH
rivendicate da Filippine Vietnam Cina Taiwan Malaysia Brunei
Isole Spratly
FILIPPINE
Mar di Sulu
Mar Cinese Meridionale
BRUNEI
MALAYSIA
Isole Natuna (Indonesia)
INDONESIA
1
2
3
4
5
6
7
8
9
10
Linea dei 10 tratti

sul diritto del mare dell'Onu – mentre Pechino si è rifiutata di riconoscerne l'autorità.[3]

Al fine di rafforzare le proprie mire marittime, la Cina spesso aumenta artificialmente il territorio di alcune isole o ne crea addirittura di nuove – ad esempio gettando tonnellate di sabbia sulle barriere coralline – per costruire porti, installazioni militari e anche piste di atterraggio, come avvenuto nelle isole Paracelso e Spratly, dove ha edificato dal nulla, rispettivamente, 20 e 7 avamposti provocando la reazione della Us Navy con manovre militari congiunte con le Marine dei Paesi della regione. Se la tensione fra Cina e Filippine è quella che appare più prossima al livello di guardia è perché le acque contese sono ricche di gas naturale e di pesce.

Il nuovo presidente filippino, Ferdinand Marcos jr, eletto nel giugno 2022, ha scelto di affrontare apertamente Pechino sul controllo del Second Thomas Shoal – poco più di uno scoglio – nelle Isole Spratly, rovesciando l'approccio del predecessore Rodrigo Duterte. Ciò ha portato la Cina a essere ancor più aggressiva con le sue unità navali fino a spingere la propria guardia costiera a usare cannoni ad acqua e laser per bersagliare le navi avversarie. Con il risultato di spingere il Pentagono, nel marzo 2024, a estendere il patto di mutua assistenza militare anche alle acque del Mar Cinese Meridionale.

È un duello nel quale entrambe le superpotenze si impegnano in attività di intelligence e sorveglianza reciproca per monitorare movimenti avversari e valutare le minacce alla propria sicurezza nella regione. E gli Stati Uniti si coordinano con i Paesi della regione, come Giappone, Sud Corea, Australia e Filippine, per

3. DeLisle, Jacques, *The South China sea arbitration decision: China fought the law, and the law won... or did it?*, Foreign Policy Research Institute, 12 luglio 2016.

rafforzare la presenza e la cooperazione militare e contenere l'espansione cinese.

Alla radice di questi contrasti c'è il concetto di espansione nel Mar Cinese Meridionale che rappresenta una strategia di politica estera e di sicurezza adottata da Xi sotto l'influenza di alcune specifiche teorie. Anzitutto quella della «Rinascita cinese», una visione nazionalista promossa dal Partito comunista che sottolinea il ritorno della Cina come grande potenza globale e il ripristino della sua posizione predominante nella regione asiatica. La dottrina del «Doppio secondo», sviluppata da esperti militari, aggiunge che la Cina debba cercare di ottenere il controllo su due linee difensive marittime esterne, con il Mar Cinese Meridionale considerato uno dei due «secondi mari». Poi c'è la teoria del «Sentiero del cigno», una metafora coniata da alcuni analisti politici cinesi che indica l'espansione marittima nel Mar Cinese Meridionale, tesa a garantire la sicurezza delle rotte, delle risorse e delle posizioni strategiche. E, infine, la «Periferia pacifica» annunciata dal governo cinese negli anni Novanta che indica la necessità di creare un'area pacifica e amichevole attraverso relazioni di cooperazione economica e politica, ma contemporaneamente affermando la propria presenza e influenza nella regione contesa.

LE ISOLE DEL PACIFICO

È la Nuova via della seta lo strumento, politico ed economico, con cui Pechino si fa largo nel Pacifico sfidando i legami di queste isole con Washington, costruiti dopo la fine della Seconda guerra mondiale. Ben 10 delle 14 isole del Pacifico hanno scelto di aderire alla Belt and Road Initiative di Xi e ciò ha portato a conseguenze strategiche. Ad esempio, se all'inizio del 2019 sei isole del Pacifico riconoscevano Taiwan e non Pechino, cinque anni dopo questo numero si è dimezzato perché l'influenza cinese si sta affermando in maniera progressiva. Nauru, un'isola a nordest dell'Australia, l'arcipelago di Kiribati e le isole Salomone in rapida successione hanno voltato le spalle a Taiwan, e Tuvalu potrebbe presto compiere la stessa scelta, lasciando nel campo pro-Taipei solo le Isole Marshall, Palau e la Micronesia. Se questo avviene è perché le isole del Pacifico, da sempre alle prese con serie difficoltà finanziarie, cedono al corteggiamento e alle pressioni del gigante economico cinese che nel 2016 investiva in aiuti regionali almeno 348 milioni di dollari e oggi continua a impegnare almeno 240 milioni di dollari l'anno, affiancando a questi finanziamenti sempre più spesso intese politiche e anche di cooperazione di polizia – ovvero militari – come avvenuto nel 2022 con le Isole Salomone e come Pechino ha offerto anche alla Papua Nuova Guinea.

Sebbene Pechino affermi che la «cooperazione di polizia» serve solo a collaborare con le autorità per proteggere le locali comunità di connazionali, la realtà è che l'intesa siglata con le Isole Salomone consente di inviare e posizionare sull'isola contingenti delle forze armate cinesi con le relative forti preoccupazioni non solo a Washington ma anche a Canberra.[4] A questo bisogna aggiungere che Nauru è anche uno dei pochi Paesi al mondo che riconosce l'annessione forzata alla Russia di due regioni della Georgia, Abcasia e Ossezia del Sud, avvenute nel 2008, lasciando intendere di essere sensibile anche all'ipotesi di ricevere fondi dal Cremlino. Nel tentativo di frenare l'espansione di Pechino e Mosca in questa regione, gli Stati Uniti hanno creato la Compacts

4. DeLisle, Jacques, *The South China sea arbitration decision*, cit.

of Free Association con i Freely Associated States – a cui appartengono Micronesia, Isole Marshall e Palau – che consente di ricevere grant di studio, garanzie di sicurezza e altri benefici in cambio della possibilità del dispiegamento di forze militari e dell'accesso ai territori da parte delle forze Usa nella regione.[5]

Insomma, nello scacchiere del Pacifico, a lungo considerato dagli Stati Uniti una regione strategica, si stanno facendo largo in maniera progressiva gli interessi di Pechino.

KADENA

Per capire come cambia la presenza americana nel Pacifico in risposta alla sfida cinese bisogna partire dalla base aerea di Kadena, in Giappone. È la più grande del Pentagono in queste regione, si trova a circa 650 chilometri dalla costa cinese e qui il segretario alla Difesa Lloyd Austin ha creato un nuovo comando per tutte le forze americane nelle isole nipponiche. Obiettivo: fare scudo a Taiwan e fronteggiare Pechino.[6]

La svolta nasce dall'allarme con cui America e Giappone guardano alla minaccia della Cina, che aumenta le proprie forze armate al fine di adoperarle in maniera sempre più intensa in Estremo Oriente. Con un comando come la Kadena Base la «Nato asiatica» inizia a prendere forma, perché finora l'Us Forces Japan (Usfj) era principalmente un quartier generale amministrativo mentre il vero vertice militare, al Comando Indo-Pacifico, si trovava a 7500

5.Peake, Gordon – Pohle, Camilla, *Financially weak Pacific Island States are vulnerable to China*, United State Institute for Peace, 18 gennaio 2024.

6. McElhiney, Brian, *Pentagon sending advanced fighters to Japan as part of force upgrade*, «Star and Stripes», 4 luglio 2024.

chilometri più a est, ovvero a Pearl Harbour, nelle Hawaii. Questo assetto risale a quando l'ammiraglio Chester Nimitz dirigeva dalle Hawaii le battaglie navali della Seconda guerra mondiale, ma ora che il conflitto con la Cina non può essere escluso, il comando deve essere più vicino alla zona delle operazioni, per il semplice motivo che le comunicazioni fra Hawaii e Pacifico occidentale potrebbero essere interrotte da blitz informatici, sabotaggio di cavi sottomarini o attacchi nello spazio contro i satelliti. Da qui la necessità di un comando operativo il più possibile a ridosso dell'avversario. La nuova Usfj sarà guidata da un generale a tre stelle, che risponderà all'ammiraglio Paparo, comandante dell'Indo-Pacifico alle Hawaii. L'obiettivo, dichiarato, è quello di integrare esercitazioni, pianificazione ed eventuali combattimenti. Anche perché Washington ritiene che il contesto di sicurezza stia peggiorando a causa delle relazioni sempre più strette fra Nord Corea, Russia e Cina, incluso il tema del nucleare. Da qui la necessità di creazione di comandi congiunti Usa con gli alleati, per incrementare la produzione di missili di difesa e di attacco a lungo raggio, nonché rafforzare il dispiegamento di truppe nelle isole del Giappone, vicino a Taiwan, anche grazie alla decisione di Tokyo di aumentare la spesa per la difesa di oltre il 60 per cento, portandola al 2 per cento del Pil entro il 2027, inclusa l'acquisizione missili a lungo raggio capaci di raggiungere la Cina continentale. Ma non è tutto, perché il comando operativo a Kadena significa anche rafforzare altri tasselli della «catena di isole» che circonda la Cina, dal Giappone alla Malesia. Ad esempio, l'ammodernamento delle forze armate e della guardia costiera delle Filippine. È significativo che le navi della guardia costiera giapponese e taiwanese abbiano iniziato a svolgere esercitazioni congiunte di salvataggio in mare, mentre Tokyo ha donato a Manila unità della guardia costiera e radar marittimi, firmando accordi di accesso reciproco ai porti sia con l'Australia che con le Filippine, per ospitare le rispettive forze armate. Assomiglia alla genesi di un modello per operare con forze congiunte che potrebbe diffondersi: affiancato ai comandi a Kadena, Guam e forse anche in Australia può creare le condizioni per la nascita di una «Nato asiatica».

TIKTOK, LA TRINCEA DIGITALE

TikTok è uno dei social network più popolari del pianeta e sebbene non abbia ancora le dimensioni di Facebook, Instagram o YouTube può vantare il record di essere arrivato a un miliardo di utenti mensili nell'arco di tempo più rapido di sempre. Ma lo stesso TikTok, di proprietà cinese, è anche la trincea digitale di una sfida fra Washington e Pechino decisiva per la sicurezza globale.

Il governo degli Stati Uniti considera il social cinese un pericoloso cavallo di Troia grazie al quale Pechino è in grado di impossessarsi dei dati di centinaia di milioni di cittadini, americani e non, ponendo gravi rischi alla sicurezza nazionale di più Paesi. Siamo sul terreno più nuovo e imprevedibile della rivalità fra i due giganti, ma l'urgenza di agire da parte degli Stati Uniti spiega perché il Congresso, nel giugno 2024, approva una legge, firmata dal presidente Biden, che prevede la messa al bando della piattaforma social se non verrà venduta dall'attuale proprietario ByteDance – un'azienda cinese – a un acquirente approvato dal governo Usa. La decisione di Capitol Hill segue pronunciamenti e decisioni di più capitali, occidentali e non, preoccupati dal fatto che TikTok e la società ByteDance possano adoperare dati protetti sugli utenti – immagini, località, informazioni private – e condividerli segretamente con il governo cinese a fini di spionaggio, protetti da una tecnologia digitale talmente avanzata da essere considerata inaccessibile. Non è infatti un mistero che gli esperti di cybersicurezza occidentale affermino di non disporre ancora delle conoscenze necessarie per penetrare TikTok, ammettendo in questa maniera – e per la prima volta – una netta superiorità tecnologica cinese su un particolare social network.

Durante il dibattito al Congresso, antecedente al voto, più interventi hanno sollevato anche il timore che TikTok possa essere divenuto strumento di interferenze maligne cinesi nella vita pubblica nazionale su temi come la guerra Israele-Hamas, al fine di diffondere intolleranza e antisemitismo, portando scompiglio e generando instabilità collettiva. TikTok ha sempre respinto tali accuse ma il sospetto di essere un social network al servizio di Pechino non è del tutto nuovo: ha spinto nel 2020 il governo indiano a intervenire contro centinaia di app di proprietà cinese, accusandole di trasferire i dati degli utenti ad agenti stranieri, mentre in Gran Bretagna, Australia, Canada, Francia e Nuova Zelanda la decisione adottata è stata di impedire ai propri funzionari governativi di usare l'app in questione. Anche l'Unione Europea ha compiuto un simile passo, mentre Taiwan è andata oltre dichiarando TikTok un «prodotto pericoloso» che pone «minacce alla sicurezza nazionale». Alla base di tali timori ci sono le indagini condotte da Fbi e Federal Communications Commission secondo le quali ByteDance è in grado di condividere informazioni sugli utenti di TikTok – a cominciare dai dati su navigazione e identificazione biometrica – con il governo di un regime non democratico come la Repubblica Popolare per il semplice fatto che una legge cinese del 2017 richiede a ogni azienda nazionale di consegnare al governo ogni tipo di informazione rilevante per la sicurezza nazionale.[7] Sebbene non vi siano prove che TikTok lo abbia fatto, il timore che possa verificarsi si è posto quando, nel dicembre 2022, ByteDance ha ammesso di aver licenziato quattro dipendenti che avevano avuto accesso ai dati di due giornalisti di «BuzzFeed News» e del «Financial Times», tentando di comprendere da dove avevano ottenuto delle informazioni riservate sulla loro azienda.[8]

Si tratta di uno scontro, legale e politico, che vede TikTok duellare in tribunale con il governo degli Stati Uniti mentre Pechino tenta di proteggere la propria tecnologia da ogni sorta di sanzioni e divieti. Sullo sfondo, la complessità dell'applicazione di un bando che investe una delle app più scaricate dagli utenti digitali, non solo negli Stati Uniti, con una moltitudine di americani che potrebbero opporsi lamentando la violazione del primo emendamento della Costituzione Usa sul rispetto della libertà di espressione. In attesa di comprendere l'esito di una sfida frontale senza precedenti – perché tutta digitale –, oltre trenta Stati degli Usa hanno fatto propria la decisione del governo federale sulla proibizione dell'uso della app cinese da parte dei propri dipendenti, causando incertezza fra milioni di utenti.[9] Tutto ciò conferma come la sfida fra un'autocrazia come la Cina e le democrazie sia ibrida perché sovrappone sicurezza e convivenza civile, trasformandosi in una contrapposizione che tocca la vita e le abitudini di una moltitudine di persone.

7. Fung, Brian, *Biden just signed a potential TikTok ban into law. Here's what happens next*, Cnn, 24 aprile 2024.

8. *The TikTok Wars - why the Us and China are feuding over the app*, «The Guardian», 17 marzo 2023.

9. Maheshwari, Sapna – Holpuch, Amanda, *Why the Us is forcing TikTok to be sold or banned*, «The New York Times», 20 giugno 2024.

DIVIDERE L'EUROPA

Nessuna concessione all'Ue, dialogo con Parigi, intesa strategica con Budapest e una vera e propria storia d'amore con Belgrado: la visita del presidente Xi a Parigi nel maggio 2024 consente di comprendere meglio l'approccio scelto da Pechino nei confronti dell'Europa, al fine di dividerla fra amici e nemici.

Il presidente francese Macron aspettava Xi all'Eliseo puntando a fargli compiere dei passi avanti nei delicati contenziosi aperti con l'Unione Europea, a cominciare dai sussidi pubblici di Pechino alle auto elettriche, ai pannelli solari e alle turbine eoliche che sollevano il dubbio di una violazione delle regole della concorrenza, con le inevitabili conseguenze che ciò comporta. Ma il presidente cinese non fa alcuna apertura su questi dossier, limitandosi ad ammorbidire la propria posizione su un fronte commerciale prettamente bilaterale: le importazioni di cognac francese in Cina. Macron, d'intesa con la Casa Bianca, tenta anche di spingere Xi a un maggiore impegno per frenare l'aggressività militare di Putin in Ucraina – tantopiù che la visita coincide con l'annuncio di Mosca sulle manovre nucleari – ma anche qui Xi non va oltre il noto impegno a favore del cessate-il-fuoco, aggiungendo un sostegno formale alla proposta francese di «tregua olimpica», in omaggio al padrone di casa. Il tutto sotto gli occhi di Ursula von der Leyen, presidente della Commissione Ue, convenuta per l'occasione all'Eliseo. Insomma, più Macron tenta di portare Xi verso un terreno di convergenza o negoziato con l'Ue, più l'ospite risponde con gesti e parole tesi a consolidare il legame bilaterale anzitutto con Parigi.

Quando Xi, alla sua prima visita in Europa dal 2019, arriva a Budapest con Viktor Orbán i messaggi sono di ben altro tenore perché, come il ministro degli Esteri cinese Wang Yi spiega, il presidente discute di una «vasta partnership strategica» che guarda a una «nuova era» perché l'Ungheria è un «benvenuto partner nel cammino della Cina verso la modernizzazione». Il termine adoperato da Xi è «viaggio dorato» al fine di sottolineare come l'attuale stretto legame con Budapest – più importante partner Ue della Nuova via della seta – punta a essere consolidato ed esteso.

Ma a Belgrado avviene anche dell'altro: il presidente Aleksandar Vučić, accogliendo Xi con tutti gli onori nel Palata Srbije, gli dice: «La riverenza e l'amore che lei trova in Serbia non c'è in nessun altro luogo». Con una capitale coperta di bandiere cinesi e lo striscione «Kosovo è Serbia, Taiwan è Cina», Vučić fa immergere Xi in un abbraccio talmente intenso da assomigliare a una vera e propria unione, che va dal ricordo dell'ambasciata cinese a Belgrado colpita dalla Nato durante la guerra del 1999 alla volontà di moltiplicare gli investimenti di Pechino nelle infrastrutture nazionali – che già comportano 3,7 miliardi di debiti serbi. Per non parlare della cooperazione militare: Belgrado è l'unica nazione europea che ha acquistato il sistema di difesa antiaerea cinese Hong Qi («Bandiera Rossa»), sollevando forti preoccupazioni a Bruxelles.

A conti fatti, come osserva Bertram Lang, analista di Affari cinesi alla Goethe Universität di Francoforte, «il viaggio di Xi è servito a evidenziare le relazioni bilaterali speciali che, a livelli diversi, Xi ha in Europa» con il risultato di «dividere i Paesi del continente in due gruppi, amici e nemici». E in effetti, ascoltando la ricostruzione del viaggio da parte dei media cinesi – che hanno parlato di «trionfo» – si trae l'impressione che Pechino abbia voluto disegnare un proprio approccio di lungo termine allo scacchiere europeo basato, secondo il ministro Wang Yi, su tre principi convergenti. Primo: favorire l'affermazione di un'Europa «indipendente» ovvero capace di sviluppare con i singoli Stati un proprio rapporto con Pechino a prescindere dalle posizioni di Ue e Nato, come dai rapporti di alleanza con gli Stati Uniti. Secondo: evitare una «nuova Guerra fredda», intesa come la volontà di frenare l'intenzione degli Stati Uniti e della Nato di sfruttare il conflitto in Ucraina per far calare nuove cortine di ferro sul Vecchio continente. Terzo: accelerare la creazione di un nuovo ordine internazionale «multipolare» fondato sulla nascita di più centri strategici ai danni anzitutto della rete di alleanze occidentali che hanno Washington come epicentro.

Ecco perché il «viaggio dorato» di Xi evidenzia come l'interesse di Pechino sia minare l'unità dei Paesi europei al fine di contrapporre a un processo di rafforzamento della coesione Ue – incluso l'allargamento ai Balcani occidentali – l'orizzonte di una partnership privilegiata con Pechino, fondata sul consolidamento delle intese bilaterali. È una strategia molto diversificata, fatta di accordi politici e investimenti commerciali, che si unisce allo sviluppo di tecnologie talmente avanzate da essere impenetrabili – come nel caso di TikTok –, operazioni cyber per impossessarsi del know-how europeo e infiltrazioni digitali come quelle denunciate in un recente rapporto dell'Europarlamento. Da qui lo scenario di un'Europa fra due fuochi: l'aggressione militare russa all'Ucraina con metodi novecenteschi e la seduzione del «viaggio dorato» offerto da Xi «verso il futuro».[10]

10. Spike, Justin, *Xi's visit to Hungary and Serbia brings new Chinese investment and deeper ties to Europe's doorstep*, Associated Press, 14 maggio 2024.

L'OFFENSIVA CINESE IN EUROPA

Per Pechino l'Europa è un tassello indispensabile nella costruzione della Nuova via della seta. Questa mappa mostra come la somma fra i Paesi che vi hanno aderito e altri che hanno firmato accordi collegati crea una grande area geografica da Minsk a Rotterdam, da Tallin fino ad Atene. Ma ciò che conta di più per la Cina è l'accesso ai porti dei Paesi che ancora non hanno aderito: dalla Francia alla Spagna fino all'Italia, che è poi l'unica nazione ad aver abbandonato l'intesa strategica con Pechino. Su questo scenario di penetrazione economica si inseriscono gli investimenti logistici, che partono dall'Ungheria, e le manovre militari che la Cina ha condotto per la prima volta in Europa grazie all'ospitalità da parte della Bielorussia.

Oceano Atlantico
NORVEG
Oslo
IRLANDA
Mare del Nord
DANIMARC
Copenaghe
REGNO UNITO
Londra
PAESI BASSI
Rotterdam
Zeebrugge
Anversa
Amsterdam
Berl
Bruxelles
GERMANIA
LUSS.
Parigi
FRANCIA
Berna
SVIZZERA
A
Bilbao
Vado Ligure
Marsiglia
PORTOGALLO
ITALIA
Madrid
Lisbona
Corsica
SPAGNA
Ro
Valencia
Isole Baleari
Sardegna
Mar Mediterraneo
MAROCCO
ALGERIA
TUNISIA
MA

Europa
Paesi che hanno firmato un Memorandum d'intesa formale con la Cina per la nuova via della seta
Paesi che hanno firmato un Memorandum d'intesa su cooperazioni doganali e dei trasporti
Altri paesi europei
Paese uscito dalla nuova via della seta
Porti europei con investimenti cinesi
Ungheria
Paese che riceve maggiori investimenti cinesi rispetto agli altri paesi europei
Centro logistico più importante al di fuori della Cina
Manovre militari congiunte Cina-Bielorussia
EZIA
FINLANDIA
Helsinki
toccolma
Tallinn
ESTONIA
FEDERAZIONE RUSSA
Mosca
Riga
LETTONIA
Mar Baltico
LITUANIA
Kaliningrad
Vilnius
Minsk
BIELORUSSIA
POLONIA
Brest
Varsavia
Kiev
UCRAINA
CECA
SLOVACCHIA
Bratislava
na
HUAWEI
Budapest
UNGHERIA
MOLDOVA
Territori ucraini occupati dalla Russia
Crimea
Caucaso
Ossezia del Sud
Zagabria
OAZIA
ROMANIA
Bucarest
Abkhazia
GEORGIA
BOSNIA ERZ.
Sarajevo
SERBIA
Mar Nero
MONT.
KOS.
Sofia
BULGARIA
M.D.N.
Istanbul
ALB.
TURCHIA
GRECIA
Pireo
SIRIA
Creta
CIPRO

OPZIONE REALPOLITIK

Il summit di novembre 2023 a San Francisco fra Joe Biden e Xi Jinping disegna un bivio strategico: può frenare o accelerare il domino di crisi e conflitti che scuote il mondo intero.

Sulla carta i presidenti di Stati Uniti e Cina escono dal loro secondo incontro – il primo avvenne al G20 di Bali nel novembre 2022 – su posizioni opposte e divergenti. Pechino, come abbiamo visto, è il più importante alleato non militare di Mosca nella guerra ucraina, non ha condannato il pogrom di Hamas contro Israele, minaccia di invadere Taiwan, fa temere fuoco e fiamme alle Filippine e punta a guidare una coalizione di Stati del Sud globale accomunati dalla volontà di ridimensionare il ruolo globale dell'Occidente. Per non parlare dell'obiettivo dichiarato di superare in crescita economica gli Usa nel 2030 e dominare tanto le comunicazioni digitali che gli scambi commerciali planetari grazie al progetto della Nuova via della seta. Washington da parte sua ha definito la Cina popolare il «principale rivale strategico globale», è impegnata a far fallire la Nuova via della seta e sostiene Taiwan, guidando la Nato in una strategia politico-militare dell'Indo-Pacifico che punta a contenere Pechino con ogni mezzo, dalle navi negli Stretti al *decoupling* economico, fino al bando di TikTok.

Ma è anche vero che entrambi i presidenti non sembrano aver interesse ad accelerare la sfida bilaterale nello scenario di un pianeta in ebollizione. Xi infatti guida un Paese che per la prima volta da decenni è in ritardo sulla crescita, teme che la crisi dell'immobiliare contagi il sistema finanziario e ha un problema di carenza di affidabilità – o corruzione – nei propri stretti collaboratori che ha portato al siluramento dei ministri degli Esteri e della Difesa nonché di alcuni dei più alti responsabili militari. Per non parlare del tallone d'Achille sui semiconduttori: il *decoupling* americano priva la Cina del tassello decisivo per lo sviluppo tecnologico, per il semplice motivo che i microchip oggi vengono creati in gran parte a Taiwan e in California, e dunque il sorpasso dell'economia cinese nel 2030 rischia di sfumare. Il presidente uscente da parte sua è talmente esposto su Ucraina e Medio Oriente da aver bisogno di contenere le crisi, promuovendo stabilità, anche per sostenere la crescita economica interna allontanando i fantasmi sollevati da Moody's con la decisione di abbassare il rating degli Stati Uniti da «stabile» a «negativo». Tantopiù che, secondo i sondaggi, ben il 78 per cento degli americani considera «molto importante» evitare una guerra contro la Cina popolare.

Insomma, se Xi ha bisogno di rassicurare gli investitori stranieri per allontanare i fantasmi della crisi finanziaria, agli Usa serve disinnescare lo scenario di un confronto aperto con Pechino per arginare le crisi aperte da Mosca. Da qui la possibile convergenza sul terreno che può servire a entrambi: la sicurezza economica globale. Il consigliere nazionale per la sicurezza di Biden, Jake Sullivan, in un articolo su «Foreign Affairs» indica infatti la maggiore sfida per l'America nella gestione della «competizione nell'età dell'interdipendenza», dichiarando la necessità di far convivere partnership e rivalità con i maggiori avversari globali degli Stati Uniti.[11] E il summit del G7 a Hiroshima ha indicato proprio la necessità di «definire la sicurezza economica», suggerendo di elaborare formule capaci di sostenere la crescita dei Paesi più avanzati anche in uno scenario di gravi crisi che si prolungano nel tempo. Questo spiega perché la Casa Bianca

11. Campbell, Kurt M. - Sullivan, Jake, *Competition without catastrophe*, «Foreign Affairs», 1° agosto 2019.

vede nella Realpolitik Washington-Pechino la formula per disinnescare le crisi più serie – stallo su Taiwan, guerra in Ucraina, conflitto Israele-Hamas e disaccordi sul clima in vista di Cop28 – per poter affrontare l'urgenza della «sicurezza economica globale», priorità per entrambi i Pesei. E Xi sembra voler cogliere l'opportunità quando, al termine del summit, afferma che «il mondo è sufficientemente grande per ospitare due superpotenze». L'ambasciatore cinese a Washington, Xie Feng, si affida al «New York Times» per far sapere alla Casa Bianca le priorità della Repubblica Popolare: «Le rassicurazioni che cerchiamo» sono «non cercare cambi di regime a Pechino, non volere una nuova Guerra fredda, non sostenere l'indipendenza di Taiwan e non cercare il *decoupling* dalla Cina».[12]

IL FATTORE KIM

La Cina è il più importante partner economico della Nord Corea, senza il quale l'economia di Pyongyang non potrebbe reggersi in piedi. Una politica che è la conseguenza del fatto che si tratta di uno Stato cuscinetto fondamentale, sul piano strategico, nell'equilibrio regionale con Washington, perché fronteggia la Sud Corea e perché è una formidabile piattaforma, militare e nucleare, per contrastare il ruolo di Washington in Estremo Oriente. Pechino e Pyongyang hanno dunque strettissimi legami, incluso un trattato di mutua difesa rinnovato nel 2021, ma la guerra in Ucraina ha creato delle frizioni perché Xi ha scelto di essere un alleato soprattutto economico, di Putin, mentre Kim Jong-un ha

12. Xie, Feng, *Xi Jinping's green leap forward*, «The New York Times», 19 aprile 2024.

fatto un passo in più, assicurando un sostegno aperto alle operazioni militari russe in Ucraina e siglando un patto di mutua difesa con Putin, fino a immaginare una collaborazione che può portare, come sembra ormai accertato, Pyongyang a inviare soldati al fronte contro Kiev e Mosca ad ammodernare l'arsenale balistico e nucleare nordcoreano.

Il sostegno della Cina alla Nord Corea risale alla guerra coreana, combattuta fra il 1950 e il 1953, quando le truppe di Pechino intervennero per aiutare l'alleato. Dalla fine di quel conflitto la Cina ha assicurato un sostegno politico ed economico ininterrotto alla Nord Corea e ai suoi leader – prima Kim Il-sung, poi Kim Jong-il e infine all'attuale Kim Jong-un –, ma nonostante questi legami così stretti le riforme cinesi e la crescente integrazione fra l'economia di Pechino con la Sud Corea hanno generato attriti bilaterali fino al punto da spingere la Nord Corea a considerare la normalizzazione dei rapporti Pechino-Seul nel 1992 come una sorta di tradimento. Queste fibrillazioni fra alleati sono aumentate dopo la decisione di Pyongyang di realizzare nel 2006 il primo test nucleare, a cui Pechino rispose sostenendo la risoluzione Onu 1718 che impose sanzioni contro la Nord Corea. Da quel momento la Cina sul fronte nucleare ha sempre tentato di giocare in un ruolo di garante della stabilità fino al punto che nel 2017 condannò la Nord Corea per i test missilistici, chiedendone la sospensione. Ciò non toglie che su alcuni temi strategici di fondo l'intesa fra i due Paesi resta granitica: Pyongyang sostiene la One China Policy su Taiwan così come difende Pechino dalle accuse di violazione dei diritti umani nei confronti degli uiguri e di altre minoranze nella regione dello Xinjiang. Al tempo stesso dalla Cina dipende oltre il 90 per cento di importazioni ed esportazioni della Nord Corea e il commercio bilaterale si è decuplicato fra il 2000 e il 2015, arrivando a quasi sette miliardi di dollari. C'è stato un momento difficile durante il Covid, quando la Cina e la Nord Corea chiusero i confini, bloccando il commercio con un declino del 4 per cento annuale del Pil nordcoreano. Finito il Covid, il commercio è ripreso con un'espansione degli scambi, anche se la Nord Corea ha scelto di non essere parte della Nuova via della seta di Xi. Gran parte degli aiuti che Pechino garantisce sono in cibo ed energia e hanno un valore molto alto per Kim, basti pensare che secondo le Nazioni Unite oltre il 40 per cento dei circa undici milioni di nordcoreani hanno un livello di alimentazione insufficiente.

Le priorità della Cina nei confronti della Nord Corea sono innanzitutto garantire la stabilità della penisola e il sostegno a Pyongyang serve per creare una zona cuscinetto con il Sud dove si trovano oltre 28.000 soldati e marine degli Stati Uniti. Pechino lascia intendere di preferire una Nord Corea non nucleare, ma lo sviluppo delle armi balistiche dei missili di Pyongyang nel corso degli anni è dovuto a una forte collaborazione proprio con la Cina. Pechino ha favorito l'arsenale balistico dei nordcoreani, così come quello dei pakistani, per avere degli Stati cuscinetto alleati di fronte a due Paesi democratici considerati rivali: l'India e la Sud Corea.

La Cina, dunque, ha sempre guardato alla Nord Corea come una zona cuscinetto con gli Stati Uniti nella penisola, avendo però una particolare attenzione a contenere la sua escalation militare e soprattutto quella nucleare. Da qui la cautela con la quale Pechino ha commentato la visita nel giugno 2024 del presidente Putin a Pyongyang: l'accordo di mutua assistenza militare firmato dalla Russia rende possibile l'invio di soldati nordcoreani a fianco dei russi a combattere in Ucraina e anche l'ammodernamento del programma nucleare nordcoreano da parte della Russia. A ben vedere è proprio l'Ucraina il terreno sul quale più si vede la differenza fra Pechino e Pyongyang: Xi è sicuramente un alleato di Mosca, un suo partner economico indispensabile, ma non si è mai spinto fino a esprimere, come fatto da Kim, il sostegno all'aggressione militare nei confronti di Kiev.

PUTIN SULLE ORME DI KRUSCIOV

Con una scelta di tempo mirata a sfruttare le debolezze dell'Occidente, Putin si reca nel giugno 2024 in Nord Corea e Vietnam con l'intenzione di trasformare l'Estremo Oriente in un nuovo fronte della sfida alle democrazie, seguendo le orme del leader sovietico Nikita Krusciov.

L'ultima visita di Putin a Pyongyang risaliva al 2000 e da allora il Cremlino aveva sempre sostenuto la posizione del Consiglio di sicurezza dell'Onu sulle sanzioni contro l'arsenale nucleare nordcoreano, ma tutto ciò viene rottamato dall'abbraccio con Kim Jong-un, frutto della volontà di arruolarlo nella contrapposizione globale alle democrazie.[13] Il «patto strategico» firmato è rigorosamente segreto ma, per ammissione dei due leader, include la «mutua assistenza militare in caso di attacco» e ciò significa, come spiega Stephen Sestanovich, cremlinologo del Council on Foreign Relations di New York, che si profila uno scambio: Pyongyang fornirà munizioni di artiglieria e missili a corta gittata nordcoreani per le truppe russe impegnate in Ucraina mentre in

13. Tong-Hyung, Kim – Ghosal, Aniruddha, *Russia and North Korea sign partnership deal that appears to be the strongest since the Cold War*, Associated Press, 19 giugno 2024.

cambio Mosca farà avere petrolio e assistenza per perfezionare l'uso delle armi di distruzione di massa con cui Kim minaccia Sud Corea, Giappone e soprattutto gli Stati Uniti.[14] Ma non è tutto perché il timore di Washington è che Kim faccia anche un passo in più: offrendo a Putin volontari per combattere nelle trincee lungo il Dnepr. Come riassume Rahm Emanuel, ambasciatore americano a Tokyo, Putin viola le sanzioni internazionali contro la Nord Corea perché il suo intento è trasformare la Russia nel Paese guida del fronte degli «Stati canaglia» per sabotare ovunque le relazioni internazionali. Se Mosca ha già stretto un'alleanza militare con Teheran – da cui riceve i droni-kamikaze che impiega in Ucraina e a cui fornisce assistenza balistica – ora farà lo stesso con Pyongyang per aprire un nuovo fronte di pressione contro gli Stati Uniti, che ha definito una «dittatura neocoloniale mondiale». Perché come lo sviluppo del programma missilistico iraniano tiene in bilico l'intero Medio Oriente, obbligando il Pentagono a schierare portaerei e difese antibalistiche a protezione degli alleati regionali, così l'arsenale atomico nordcoreano non solo mette a rischio la stabilità dell'Estremo Oriente ma è capace di proiettare una minaccia non convenzionale direttamente sul territorio degli Stati Uniti, dalle coste dell'Alaska alla California. Da qui l'opinione che Alexander Gabuev, direttore del Carnegie Russia Eurasia Center, affida al «New York Times» sulla scelta di Putin di «esercitare pressione contro l'Occidente anche in Asia» facendo leva in maniera assai spregiudicata sull'arsenale nucleare nordcoreano a pochi giorni di distanza dalle sue dichiarazioni sul «ripensamento» in atto sull'uso delle armi atomiche russe, lasciando intendere di essere incline a adoperare quelle tattiche

14. Terry, Sue Mi – Sestanovich, Stephen, *Russia struck a defense pact with North Korea. What does it mean?*, Cfr - Council on Foreign Relations, 19 giugno 2024.

per operazioni militari limitate su un singolo teatro di battaglia al fine di raggiungere particolari obiettivi.[15]

La tappa in Vietnam è un altro tassello di questo approccio russo all'Estremo Oriente: Hanoi ha bisogno di rimodernare le forze militari – soprattutto aeree e navali – e Mosca può dargliele a prezzi e condizioni più favorevoli dell'Occidente, per sostenerla anche nelle tensioni bilaterali con Pechino. E qui c'è un'altra novità dell'offensiva asiatica di Putin perché l'accordo di mutua assistenza militare con Pyongyang è un'evidente invasione di campo nello spazio strategico cinese e lascia intendere che il Cremlino vuole dimostrare anche a Xi Jinping di essere l'unico attore in grado di mettersi alla guida di un fronte globale antioccidentale. Ecco come nasce la freddezza di Pechino verso il patto russo-nordcoreano. E ora Xi deve affrontare un bivio: sostenere oppure ostacolare il protagonismo russo lungo i suoi confini.

Il tutto avviene con una formidabile scelta di tempo perché Putin si presenta a Pyongyang mentre l'Ue è nel bel mezzo di una difficile fase di transizione dopo il voto per l'Europarlamento, alla Nato è in corso il cambio di segretario generale e gli Stati Uniti stanno per entrare nella fase più calda della campagna presidenziale. Ovvero, Putin accelera perché percepisce che le democrazie sono nel bel mezzo di una difficile fase di passaggio politico e ciò consente a Mosca di accumulare vantaggio: avanzando con le truppe verso Kharkiv in Ucraina, spingendo l'Iran ad aumentare l'attività militare di Hezbollah contro Israele, insediandosi in Niger nel cuore del Sahel, corteggiando la Tunisia di Kaïs Saïed e ora anche creando un'alleanza militare con la Nord Corea dotata di armi nucleari. Ed è ragionevole prevedere che

15. Cave, Damien, *Putin came to Asia to disrupt, and he succeeded*, «The New York Times», 22 giugno 2024.

quest'accelerazione strategica di Putin continuerà fino alle elezioni americane del 5 novembre, con l'obiettivo di acquistare massima forza nei confronti del nuovo inquilino della Casa Bianca.

L'accordo Putin-Kim ha un precedente nel 1961 quando fu l'allora leader sovietico Krusciov a siglare l'intesa di «amicizia, cooperazione e mutua assistenza» con Pyongyang. Anche allora Mosca era protagonista di un'offensiva su più fronti contro l'Occidente: il primo test nucleare, la costruzione del Muro di Berlino e l'incontro fallimentare con John F. Kennedy a Vienna ci ricordano che Krusciov sfruttò il patto con la Nord Corea per estendere una rete internazionale di attriti, al fine di assediare gli Usa e le democrazie. La storia ci dice che quella scelta di Krusciov sarebbe stata seguita, mesi dopo, dalla crisi dei missili a Cuba ovvero il momento più pericoloso della Guerra fredda. In attesa di sapere se Putin andrà nella stessa direzione sarebbe un grave errore per Nato e Unione Europea ignorare i pericoli globali che discendono dal patto di mutua assistenza militare Russia-Nord Corea. Perché trasformerà la guerra d'attrito, che ha l'epicentro in Ucraina e un'estensione in Africa e Medio Oriente, in un fenomeno di dimensioni globali.

FONTI

EUROPA CENTRALE - IL FRONTE CALDO MILITARE
- Limes, rivista italiana di geopolitica
- Sito istituzionale della Nato (https://www.nato.int/nato-welcome/index_it.html)
- www.analisidifesa.it
- Aviation-report.com

LA MAPPA DELLA RUSSOFONIA
- Limes, rivista italiana di geopolitica
- Calendario Atlante De Agostini 2024

EUROPA OCCIDENTALE - IL FRONTE DELLE INGERENZE RUSSE
- Sito istituzionale della Nato (https://www.nato.int/nato-welcome/index_it.html)
- Sito istituzionale Unione Europea
- www.analisidifesa.it

AFRICA - L'OFFENSIVA RUSSA
- Limes, rivista italiana di geopolitica
- Nigrizia (www.nigrizia.it)
- Rivista Africa
- Conflits (https://www.revueconflits.com/)
- Petroleum Economist

INTERESSI ECONOMICI RUSSI IN AFRICA
- Limes, rivista italiana di geopolitica
- Nigrizia (www.nigrizia.it)
- Rivista Africa

AFRICA - LA PRESENZA MILITARE RUSSA
- ISW, Institute for the study of war

MEDIO ORIENTE - IL FRONTE DI ISRAELE
- Limes, rivista italiana di geopolitica
- B'Tselem (https://www.btselem.org/)
- Peace Now (https://peacenow.org.il/en)

LA NUOVA GUERRA CONTRO LE DEMOCRAZIE

ISRAELE-IRAN E LA COSTELLAZIONE SCIITA
- Limes, rivista italiana di geopolitica

KHORASAN, CULLA DELLA JIHAD
- Limes, rivista italiana di geopolitica

MEDIO ORIENTE E ASIA CENTRALE - CORRIDOI ECONOMICI
- U.S. Department of State (https://www.state.gov/i2u2/)
- Valdai Discussion Club (https://valdaiclub.com/a/highlights/international-north-south-transport-corridor/)
- Belt and Road Portal (https://eng.yidaiyilu.gov.cn/)

ESTREMO ORIENTE - IL FRONTE CINESE
- Ministero della Difesa Nazionale della Repubblica Popolare Cinese (http://eng.mod.gov.cn/)

LO STRETTO DI TAIWAN
- Limes, rivista italiana di geopolitica

MAR CINESE MERIDIONALE
- Limes, rivista italiana di geopolitica

L'OFFENSIVA CINESE IN EUROPA
- Limes, rivista italiana di geopolitica

INDICE MAPPE

INDICE DEI NOMI

INDICE

Finito di stampare nel mese di novembre 2024
presso Cartoedit s.r.l., Città di Castello (PG)